Abbildungs- und Tabellenverzeichnis

                                                                                   Seite

Abb. 1:   Die Konjunkturphasen 5

Abb. 2:   Entwicklung des ifo-Geschäftsklimas (1997-2009) 12

Abb. 3:   Entwicklung des Bruttoinlandproduktes, preisbereinigt,
                2. Quartal 2009 14

Abb. 4:   Modell der kurzfristigen Wirtschaftsschwankungen 17

Abb. 5:   Verschiebung der Gesamtangebotskurve 18

Abb. 6:   Verschiebung der Gesamtnachfragekurve 19

Abb. 7:   Bestandteile der Marketingkonzeption 24

Abb. 8:   Systematisierung strategischer Verhaltensalternativen in
                rezessiven Märkten 35

Abb. 9:   Rezession 2002/2003 40

Abb. 10   Betroffenheit der Konsumgüterbereiche durch die Krise 43

Abb. 11   Werbeausgaben in Krisenzeiten 44

Abkürzungsverzeichnis

BBDO	Batten, Barton, Durstine & Osborn
BDI	Baltic Dry Index
BIP	Bruttoinlandsprodukt
bzw.	beziehungsweise
CRM	Customer – Relationship – Management (dt. Kundenbeziehungsmanagement)
d.h.	das heißt
dt.	deutsch
DIHK	Deutscher Industrie und Handelskammertag
f.	folgende
ff.	fort folgende
GfK	Gesellschaft für Konsumforschung
i.d.R.	in der Regel
i.e.S.	im engeren Sinne
ifo	Akronym aus **I**nformation und **Fo**rschung
IHK	Industrie- und Handelskammer
OPEC	Organization of Petroleum Exporting Countries (dt. Organisation Erdöl exportierender Länder)
o.ä.	oder ähnliches
o.V.	ohne Verfasser
PR	Public Relations (dt. Öffentlichkeitsarbeit)
S.	Seite

SB	Selbstbedienung
sog.	sogenannt
u.a.	unter anderem
USA	United States of America
usw.	und so weiter
Vgl.	Vergleich
vgl.	vergleiche
z.B.	zum Beispiel
%	Prozent
&	und

1 Einführungskapitel

1.1 Ausgangssituation und Problemstellung

Die internationale Finanzkrise, die mit dem Platzen der Spekulationsblase an den Hypotheken- und Kreditmärkten seit Sommer 2007 zunächst im Banken- und Finanzsektor zu Liquiditäts- und Solvenzproblemen geführt hat, scheint sich zur schwersten weltweiten Wirtschaftskrise seit der großen Depression der 20er Jahre des letzten Jahrhunderts zu entwickeln.[1] Die US-Immobilienkrise erfasste Ende des Jahres 2008 weltweit auch die reale Wirtschaft, was u.a. in starkem Maße Auswirkungen auf die Exportindustrie hatte. Da Deutschland zu den bedeutendsten Exportländern zählt, sind hier die Folgen der Rezession im Gegensatz zu anderen europäischen Ländern besonders ausgeprägt und erfasste die gesamte Wirtschaft.[2] Dadurch kam es zum größten wirtschaftlichen Einbruch seit der Wiedervereinigung.[3]

Diese Ausgangssituation erfordert von jedem Unternehmen ein hohes Maß an fundiertem betriebs- und marktwirtschaftlichen Wissen, um Strategien zu entwickeln, die gewährleisten, dass das Unternehmen auch in Zeiten während und nach der Rezession seine Position auf dem Markt behaupten kann und somit die negativen Auswirkungen auf das Unternehmen abmildert bzw. eliminiert.[4] Weiterhin bilden die durch die Rezession ausgelösten Veränderungen der Konsumentenbedürfnisse einen Ausgangspunkt für die Anpassung des Unternehmensverhaltens. Insbesondere das strategische und operative Marketing müssen angemessen und rezessionsadäquat ausgestaltet werden, um einer verstärkten Kaufzurückhaltung der Verbraucher entgegenzuwirken und das Kaufverhalten zu beleben.[5] Innerhalb rezessiver Phasen werden die Unternehmen jedoch u.a. mit dem Problem konfrontiert, dass die Umsätze und somit die Gewinnerwartungen sinken, woraufhin sich die Investitionsneigung der Unternehmen vermindert und Einsparungen erforderlich sind, die häufig zuerst im Marketing durchgeführt werden.[6] Somit wurde in vergangenen Krisenzeiten relativ zügig das Marketingbudget gekürzt, da diese

---
[1] Vgl. o.V. Stern (2008)
[2] Vgl. o.V. Focus (2009)
[3] Vgl. o.V. Welt Online (2009)
[4] Vgl. Böhner/Dellago/Gerszke/Tochtermann (2009), S. 10.
[5] Vgl. Berndt (1994), S. 117f.
[6] Vgl. Becker (2001), S. 764f.

Ausgaben nicht zweckgebunden und somit frei verfügbar sind.[7] Dabei bieten sich in wirtschaftlich schwierigen Zeiten Chancen an, die während der Hochkonjunktur so nicht vorhanden sind, durch die ein Unternehmen mit geeigneten Marketingentscheidungen eine verbesserte Marktposition erreichen kann.[8]

Damit stellt sich für die Unternehmen die Frage, in welcher Weise sie diesem, durch die Krise ausgelösten Ausmaß, begegnen können. Hier setzt diese Studie an.

1.2 Ziel und Aufbau der Untersuchung

Den Untersuchungsgegenstand dieser Studie stellen die konjunkturellen Einflüsse auf die absatzpolitischen Maßnahmen der Unternehmen dar. Aufgrund der Komplexität hinsichtlich aller Konjunkturphasen sowie angesichts der besonderen Gegebenheiten und Herausforderungen mit denen die Unternehmen konfrontiert werden, wird in dieser Untersuchung speziell die Phase der Rezession berücksichtigt. Die Basis bildet hierbei die gegenwärtige Wirtschaftskrise bzw. Rezession. Das Ziel besteht darin, die Zusammenhänge zwischen der Marketingstrategie und dem ökonomischen Abschwung zu analysieren und daraus Handlungsalternativen bzw. -empfehlungen für Unternehmen abzuleiten.

Die Untersuchung ist folgendermaßen gegliedert. Im ersten Kapitel werden die Ausgangssituation und Problemstellung sowie das Ziel und der Aufbau dargestellt. Im zweiten Kapitel werden zunächst die theoretischen Grundlagen der Konjunktur näher betrachtet. Dabei wird zu Beginn auf die Definition des Konjunkturbegriffs sowie auf die vier Phasen des Konjunkturzyklus' – Expansion, Boom, Rezession, Depression – eingegangen. Weiterhin werden einzelne Konjunkturindikatoren innerhalb der Früh-, Präsenz- und Spätindikatoren betrachtet, mit denen die konjunkturellen Schwankungen prognostiziert und bestimmt werden können. Den Abschluss dieses Kapitels bilden die möglichen Erklärungsansätze für Konjunkturschwankungen, welche in die endogenen und exogenen Ursachen untergliedert sind. Im dritten Kapitel

---

[7] Vgl. Meyer/Perrey/Spillecke (2009), S. 53.
[8] Vgl. Böhner/Dellago/Gerszke/Tochtermann (2009), S. 10.

erfolgt eine Darstellung der absatzpolitischen Maßnahmen. Zunächst erfolgt eine Betrachtung der Marketing-Konzeption, um den Zusammenhang zwischen Marketingzielen, Marketingstrategien und dem Marketingmix aufzuzeigen. Im letzten Teil dieses Kapitels erfolgt ein Überblick über die vier Instrumentalbereiche: die Produkt-, Preis-, Distributions- und Kommunikationspolitik, woraufhin dieser Themenkomplex abgeschlossen wird. Mit dem vierten Kapitel beginnt der praktische Teil dieser Untersuchung. Zu Beginn wird die Ist-Situation betrachtet. Hierbei werden zuerst die möglichen strategischen Verhaltensweisen (prozyklisch, azyklisch, partiell-antizyklisch, antizyklisch) von Unternehmen in einer Rezession aufgeführt bevor im nächsten Gliederungspunkt anhand von Studienergebnissen das Marktteilnehmerverhalten während der Rezessionsphase aufgezeigt wird. Dabei erfolgt eine gesonderte Betrachtung des Konsumenten- und Unternehmensverhalten. Im folgenden Gliederungspunkt wird die Soll-Situation betrachtet, bei der Handlungsempfehlungen gegeben werden, wie die Unternehmen vorgehen könnten bzw. sollten, um die Krise erfolgreich zu bewältigen. Die wesentlichen Erkenntnisse dieser Untersuchung werden im fünften Kapitel zusammengefasst.

2 Konjunktur

Wie die Wirtschaftsgeschichte und die aktuelle Situation Deutschlands es widerspiegeln, ist ein Land nicht in der Lage die Wirtschaft dauerhaft auf einem gesunden und stabilen Niveau zu halten. Unterschiedliche Gründe können dafür verantwortlich sein, dass die Jahre des Aufschwungs durch Zeiträume wirtschaftlicher Schwäche abgelöst werden.[9] Die hierfür grundlegenden Erklärungsansätze werden im Folgenden dargestellt.

2.1 Der Konjunkturbegriff und der Konjunkturzyklus

Der Begriff „Konjunktur" (lat. *conjungere* „zusammenbinden")[10] bezeichnet kurz- bis mittelfristige zyklische Bewegungsvorgänge, d.h. den Gesamtprozess des wiederkehrenden Auf- und Abschwungs, der ökonomischen Aktivitäten einer Wirtschaft.[11]

„Konjunkturzyklen sind Schwankungen in der Gesamtproduktion, dem Gesamteinkommen und der Beschäftigung eines Landes mit einer Dauer von üblicherweise zwei bis zehn Jahren."[12] Diese wirtschaftlichen Änderungen sind durch ein gewisses regelmäßiges (zyklisches) Verhalten der Auf- und Abschwungphasen gekennzeichnet.[13] Nicht zu verwechseln ist die Konjunktur mit dem langfristigen Wachstumstrend, der in erster Linie vom technischen Fortschritt abhängt. Die Konjunktur ist lediglich die Schwankung um den langfristigen Wachstumstrend.[14]

Keine zwei Konjunkturzyklen sind identisch und es existiert keine präzise Formel, um die Dauer und Intensität eines Konjunkturzyklus vorherzusagen. Jedoch lässt sich ein „klassisches" Grundmuster des kurzfristig schwankenden Konjunkturverlaufs aufzeigen. Es ergibt sich ein wellenförmiger bzw. S-förmiger Verlauf, den man entsprechend in vier Phasen unterteilt. Der Tiefpunkt heißt Depression (Krise), dem sich der Aufschwung (Expansion) anschließt, welcher in einem Boom (Hochkonjunktur) seinen Abschluss findet bevor es zu einer

---

[9] Vgl. Samuelson/ Nordhaus (2005), S.661.
[10] Vgl. Krommes (1972), S. 30.
[11] Vgl. Peto (2008), S. 191.
[12] Samuelson/ Nordhaus (2005), S. 1041.
[13] Vgl. Baßeler/Heinrich/Utecht (2006), S.861.
[14] Vgl. Siebert (2003), S. 332.

Rezession (Abschwung) kommt (vgl. Abb. 1).[15] Im Folgenden werden die Schwankungen der Konjunktur genauer betrachtet.

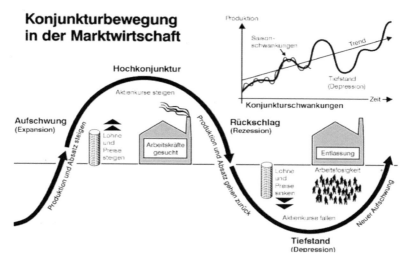

Abbildung 1   Die Konjunkturphasen

Quelle: Mamberer, F. / Seider, H. (2009)

2.1.1 Expansion (Aufschwung)

Die Expansion als Zuwachs des Wirtschaftswachstums kennzeichnet den Start und die erste Phase des Konjunkturzyklus. Diese Phase ist durch eine erst langsame und dann zunehmende Nachfrage nach Produkten und Dienstleistungen charakterisiert. Um diese Nachfrage zu befriedigen, steigern die Unternehmen ihre Produktion. Durch die verbesserte Auslastung der Produktionskapazitäten sinken die Stückkosten. Infolge der anwachsenden Nachfrage tätigen die Unternehmen vermehrt Investitionen in Produktionsfaktoren wie Personal, Maschinen und Rohstoffe, um ihre Produktionskapazitäten auszuweiten.[16] Um diese Investitionen durchführen zu können, nehmen die Unternehmen vermehrt Kredite auf. Es erfolgt ein relativ geringer Preisanstieg und die Unternehmer erzielen aufgrund der angekurbelten Nachfrage durch die anwachsende Konsumentenstimmung zunehmend steigende Gewinne. Folglich fordern die Gewerkschaften mehr Lohn, um die Realeinkommen der Arbeitnehmer zu sichern, so dass die Löhne

---

[15] Vgl. Baßeler/Heinrich/Utecht (2006), S.861.
[16] Vgl. Koch/Czogalla (1999), S. 367.

aufgrund der guten wirtschaftlichen Lage ansteigen. Da die Inflationsrate zunimmt, liegt die Aufgabe der Europäischen Zentralbank darin die Leitzinsen[17] anzuheben, um die Kredite sukzessive zu verteuern. Diese positive Nachricht hat zur Folge, dass die Aktienkurse steigen.[18] In dieser Phase ist die Grundstimmung in der Wirtschaft sehr optimistisch.

2.1.2 Boom (Hochkonjunktur)

Die Aufwärtsbewegung erreicht in der Boomphase ihren Höhepunkt. Diese charakterisiert sich durch voll ausgelastete oder überlastete Produktionskapazitäten der Unternehmungen, da mehr Güter erforderlich sind als produziert werden, d.h. es herrscht eine starke gesamtwirtschaftliche Nachfrage, die zu Kapazitätsengpässen führen kann.[19] Unter einer normalen Auslastung der Kapazitäten ist die Menge an Gütern und Dienstleistungen zu verstehen, die eine Wirtschaft während einer normalen wirtschaftlichen Lage bereitstellen kann. Folglich ist es in dieser Phase nicht möglich noch mehr zu produzieren als im derzeitigen Moment. Durch die Marktmechanismen steigen die Preise und die Teuerung macht sich zunehmend bemerkbar. Es werden nur noch jene Kunden beliefert, die bereit sind einen höheren Preis zu bezahlen. Weiterhin herrscht Vollbeschäftigung oder Überbeschäftigung und auch die Maschinenlaufzeiten werden erhöht, wodurch die Phase der Hochkonjunktur sowohl durch steigende Löhne als auch durch erhöhte Produktions- und Stückkosten gekennzeichnet ist.[20] Die Gewinne der Unternehmen steigen in die Höhe und führen zu weiteren Investitionen, was wiederum eine erhöhte Kreditnachfrage mit sich bringt. Um einer Überhitzung der Konjunktur entgegen zu wirken, wird das Zinsniveau angehoben, um die umlaufende Geldmenge zu verringern. Dies hat zur Folge, dass die Finanzierung von Investitionen erschwert wird.[21] Die Stimmung verschlechtert sich in dieser Phase allmählich, was u.a. dazu führt, dass die Aktienkurse sinken, wenn die Investoren die nächste Phase des Konjunkturzyklus, die Rezession, in Ihre Erwartungen mit aufnehmen.[22]

---

[17] Der Zinssatz zum dem die Zentralbank den Geschäftsbanken Geld leiht. Dadurch wird Einfluss auf die im Umlauf befindliche Geldmenge und die Zinsentwicklung genommen.
[18] Vgl. Blum (1994), S. 347.
[19] Vgl. Siebert (2003), S. 334.
[20] Vgl. Kampmann/Walter (2001), S. 13.
[21] Vgl. Siebert (2003), S. 334.
[22] Vgl. Samuelson/Nordhaus (2005), S. 662.

2.1.3 Rezession (Abschwung)

Die Konjunktur hat ihren Gipfel überschritten und es beginnt die dritte Phase des Zyklus, der Abschwung. Die Konsumenten sind verunsichert und somit geht die Nachfrage nach Produkten und Dienstleistungen merklich zurück und das BIP sinkt. Durch den Nachfragerückgang sinkt auch das Preisniveau. Zudem gehen die Erträge der Unternehmen aufgrund der gestiegenen Kosten, der verminderten Investitionen sowie dem einsetzenden Sparverhalten zurück. Die Lager füllen sich, da nur noch wenige bis keine Abnehmer zur Verfügung stehen. Die verringerte Nachfrage führt dazu, dass die Produktion zurück geht und weniger Arbeitnehmer benötigt werden. Aufgrund dessen sind viele Unternehmen gezwungen Kurzarbeit anzumelden und später auch Entlassungen, überwiegend bei Leiharbeitern, durchzuführen, was eine vermehrte Arbeitslosigkeit mit sich bringt.[23] Da die Zentralbanken durch die Regulierung der Zinsen oder der Geldmenge Einfluss auf die Nachfrage nehmen können, wird i.d.R. versucht in rezessiven Phasen die Ausgaben durch eine Erhöhung der Geldmenge anzuregen.[24]

Im Bezug auf die aktuelle Wirtschaftskrise betrieb die US-Notenbank Federal Reserve zum Zeitpunkt eines konjunkturellen Abschwungs im Jahr 2001 eine Niedrigzinspolitik, um einer möglichen Rezession entgegenzuwirken. Dadurch sollten die Unternehmen zum Investieren angeregt werden, um die Wirtschaft zu beleben. Die Terroranschläge des 11. September 2001 sorgten für eine zusätzliche Anspannung der Situation in der internationalen Finanzsektor und einer weiteren Verschlechterung der wirtschaftlichen Lage.[25] Der frühere US-Zentralbankchef Alan Greenspan führte folglich eine intensivere Niedrigzinspolitik, um für eine Stabilisierung der Finanzmärkte zu sorgen und die Wirtschaft mit billigem Geld anzukurbeln. Trotz eintretender verbesserter Lage wurde der Leitzins mehrfach gesenkt und diese Politik beibehalten. Seit 40 Jahren fiel der Leitzins erstmals von Mitte 2001 bis 2003 kurzfristig auf einen Tiefstand von 1,0%. Dadurch waren die Kredite günstiger als je zuvor und es folgten zunehmend Investitionen.[26] Letztendlich wurde damit jedoch die Basis

---

[23] Vgl. Samuelson/Nordhaus (2005), S. 662.
[24] Vgl. Kyrer/Penker (2000), S. 111.
[25] Vgl. Riecke (2001), S. 4.
[26] Vgl. Hajek (2007), S. 154.

für die aktuelle Wirtschaftskrise gelegt, da die Banken zum Zeitpunkt einer schwachen Konjunktur auch Kleinstverdienern den Traum von einem eigenen Heim erfüllen konnten.[27] Größtenteils handelte es sich bei der Finanzierung der Immobilien durch den Anleger um sogenannte „Subprimes". Dies sind Kredite, die an nichtsolvente Hauskäufer und -bauer vergeben werden. Aufgrund der barrierefreien Zugänglichkeit an diese Kredite erlangte die Vergabe der „Subprimes" zügig eine steigende Anzahl.[28]

In einer Rezession beschließen Regierungen Hilfspakete, um einer Abwärtsspirale entgegenzuwirken. Diese können z.B. Subventionen, Steuersenkungen o. ä. sein. Auch in der aktuellen Krise, die vorerst überwiegend im Finanzbereich herrschte und zusehends auf die Realwirtschaft übergriff, schnürte die Regierung ein immenses Hilfspaket.[29] Somit beschloss die deutsche Regierung nach dem Konjunkturpaket I „Beschäftigungssicherung durch Wachstumsstärkung" Anfang des Jahres 2009 das Konjunkturpaket II in Höhe von rund 50 Milliarden Euro. Es beinhaltet Investitionen, Wirtschaftshilfen und eine Abwrackprämie, um die Nachfrage nach Autos anzukurbeln und Steuersenkungen, um die Bürger und die Wirtschaft weiterhin zu entlasten.[30]

2.1.4 Depression (Krise)

Den Tiefpunkt erreicht der Konjunkturzyklus in der Depression. Bei den Konsumenten und Unternehmen herrscht eine desolate Stimmung. Die Phase der wirtschaftlichen Depression ist durch eine niedrige Nachfrage aus dem In- und Ausland in Bezug auf die geringe Auslastung der Kapazitäten gekennzeichnet. Es müssen Überkapazitäten abgebaut werden und es kommt vermehrt zu Entlassungen, was zu einer Arbeitslosigkeit auf hohem Niveau führt. Weiterhin sinken die Einkommen der Haushalte und damit geht auch die Nachfrage nach Konsumgütern stark zurück. Die Preise stagnieren oder sinken, wodurch sich die Gewinne der Unternehmen verringern und kein Anreiz für neue Investitionen besteht. Demzufolge ist die Investitionsnachfrage rückläufig.[31] Dies kann zur Insolvenz führen.[32] Durch kontinuierliche

---

[27] Vgl. Bischoff (2008), S. 19.
[28] Vgl. Bischoff (2008), S. 7.
[29] Vgl. Böschen u.a. (2009), S. 88.
[30] Vgl. o.V. Handelsblatt (2009b)
[31] Vgl. Siebert (2003), S. 335.
[32] Vgl. Kampmann/Walter (2001), S. 13.

Zinssenkungen kann die Nationalbank versuchen die Investitionen wieder attraktiv zu machen, um einer möglichen Deflation entgegen zu wirken.[33]
Die Eigenschaften der einzelnen Phasen werden in der Realität von weiteren Einflüssen geprägt. Ebenso ist eine klare Abgrenzung der einzelnen Zyklen nicht möglich, da die Übergänge fließend erfolgen.

Bei der gegenwärtigen Wirtschaftskrise handelt es sich jedoch um keine typische zyklische Krise, die eine Wirtschaft alle paar Jahre durchläuft und somit auch um keine „normale" Rezession.[34] In den USA boomte in den vergangenen Jahren der Immobilienmarkt. Während die Häuserpreise immer weiter stiegen vergaben die Banken Millionen Kredite an die Käufer von Häusern. Ein beachtlicher Teil der Immobilienkredite wurde an Familien mit schlechter Zahlungsfähigkeit vergeben, sog. Subprime-Kredite, die ohne ausreichendes Einkommen den Kauf von Häusern mit Krediten finanzierten. Die meisten Finanzinstitute behielten die vergebenen Darlehen allerdings nicht in ihren eigenen Büchern. Die Kredite wurden zu neuen „Finanzprodukten" gebündelt, verbrieft und an Investmentfonds und Banken weltweit verkauft. Diese neuen „Finanzprodukte" setzten sich aus Krediten mit guter und schlechter Qualität zusammen und wurden auch von deutschen Banken über ihre Töchter erworben. Als dann in den USA die Hauspreise sanken und die Rückzahlung vieler notleidender Hypotheken über den Verkauf der Häuser aussichtslos wurde, verfiel der Wert der Finanzprodukte. Die Vielzahl der riskanten Geschäfte führte dazu, dass aus der US-Immobilienkrise eine Krise des gesamten Finanzsystems wurde.[35] Da viele Banken Wertberichtigungen und damit verbunden enorme Verluste hinnehmen mussten, zogen sie Geld von den Kapitalmärkten ab und blockierten Finanz- und Kreditflüsse in einem großen Umfang. Die Finanzkrise entwickelte sich so zu einer Liquiditätskrise und erfasste damit die reale Wirtschaft.[36] Die Krise sollte als Systemkrise, eine Krise des Finanzsystems begriffen werden, die überwiegend durch menschliches Versagen ausgelöst wurde, da die Verantwortlichen im eigenen Interesse handelten und dadurch das ganze System in Gefahr brachten.

---
[33] Vgl. Siebert (2003), S. 335.
[34] Vgl. Geier (2009)
[35] Vgl. Brück/Detering/Jeimke-Karge/Stroisch (2009)
[36] Vgl. Fischer/Ramthun/Schnitzler (2009)

Letztendlich wurde somit der internationale wirtschaftliche Abschwung durch die Finanzkrise hervorgerufen.[37]

2.2 Konjunkturindikatoren

Um die Stärke der konjunkturellen Schwankungen prognostizieren, bestimmen und bestätigen zu können, bedient man sich der entsprechenden Indikatoren.[38] Mit Hilfe von statistischen Zeitreihen dieser Beobachtungsgrößen sind die Fluktuationen der Wirtschaftsaktivität erkennbar.[39] Die Indikatoren können unter der üblichen Berücksichtigung des zeitlichen Aspekts in drei Gruppen eingeteilt werden[40]:

- Frühindikatoren,
- Präsensindikatoren und
- Spätindikatoren.

2.2.1 Frühindikatoren

Die Frühindikatoren zeigen schon frühzeitig eine mögliche Konjunkturentwicklung auf, was für die Planung und den Einsatz wirtschaftspolitischer Maßnahmen von großer Bedeutung ist. Deshalb besitzen sie in der Wirtschaft einen hohen Stellenwert.[41] Wichtige Zeitreihen bezüglich der Frühindikatoren, die vom Statistischen Bundesamt veröffentlicht werden, sind u.a. die Reichweite der Auftragseingänge (Zahl der Monate, für die Aufträge vorhanden sind) bei den Investitionsgüterindustrien sowie die Baugenehmigungen im Hochbau. Mit beginnender Stagnation der Auftragseingänge ist eine annähernd genaue Aussage über den Zeitpunkt, an dem Produktion und Beschäftigung zurückgehen, möglich. Auch das Baugewerbe liefert verlässliche Hinweise, denn Bautätigkeiten sind stark abhängig von der konjunkturellen Entwicklung. Sinkt die Zahl der Genehmigungen, ist dies in der Regel ein wichtiger Hinweis für eine Abwärtsbewegung.[42]

---

[37] Vgl. Geier (2009)
[38] Vgl. Peto (2008), S. 194.
[39] Vgl. Neubäumer/Hewel (1998), S. 368.
[40] Vgl. Peto (2008), S.194.
[41] Vgl. Bartling/Luzius (1998), S. 250.
[42] Vgl. Woll (2003), S. 634f.

Weiterhin gehören der Baltic Dry Index (BDI) und der ifo-Geschäftsklimaindex zu den bedeutenden Frühindikatoren, auf die im Folgenden näher eingegangen wird. Der BDI hat sich zu einem relevanten Frühindikator der Weltwirtschaft etabliert. Dieser Index wird seit 1985 von der Warenbörse Baltic Exchange in London täglich veröffentlicht und ist ein wichtiger Preisindex für das weltweite Verschiffen von Trockenfrachten wie Kohle, Erz und auch Agrarprodukten auf den bedeutendsten internationalen Standardrouten in der Seeschifffahrt.[43] Die Ermittlung der Frachtraten erfolgt ausschließlich aus den Angaben von Marktteilnehmern wie Maklern, Reedern und Charterern. In den Preis fließt lediglich die reale Nachfrage für den Transport von Rohstoffen ein. Aufgrund der Ermittlungsmethode und der nicht vorhandenen Spekulationen gilt der Indikator als sehr zuverlässig und schwer manipulierbar.[44] Über 90% des Welthandels und rund 75 Prozent des deutschen Im- und Exports erfolgen über den Seeweg. Der BDI spiegelt die wirtschaftliche Lage wie folgt wider: Wenn die Weltwirtschaft floriert, wirkt sich dies positiv auf den Welthandel aus. Daraufhin steigen die Nachfrage nach Schiffsladeraum sowie die Frachtpreise. Letztendlich kommt es auch zu einer Erhöhung des BDI. Stagniert die Wirtschaft, fällt der Index und ist somit ein aussagekräftiger Indikator der Weltwirtschaft.[45]

Der seit 1971 erstellte Geschäftsklima-Index des Münchner ifo Instituts für Wirtschaftsforschung, der unter Ökonomen sehr angesehen ist, gilt als vielbeachteter Frühindikator für die konjunkturelle Entwicklung Deutschlands. Der ifo-Index basiert auf einer monatlichen Einschätzung von rund 7.000 Unternehmen aus dem verarbeitenden Gewerbe, dem Baugewerbe sowie dem Groß- und Einzelhandel. Dieser Gesamtindex setzt sich aus der Geschäftsbeurteilung und der Geschäftserwartung zusammen. Die Unternehmen werden gebeten, die aktuelle Geschäftslage zu beurteilen und Prognosen für die nächsten sechs Monate abzugeben. Die aktuelle Lage kann mit „gut", „befriedigend" oder „schlecht" und die Geschäftserwartungen mit „günstig", „gleichbleibend" oder „ungünstig" beurteilt werden. Der Saldowert für die gegenwärtige Geschäftslage ergibt sich aus der Differenz der Prozentanteile der Kennzeichnungen „gut" und „schlecht". Ebenso ergibt die Differenz der

---
[43] Vgl. Fischer/Losse (2009), S. 22.
[44] Vgl. Kokologiannis (2009)
[45] Vgl. Fischer/Losse (2009), S.22.

Prozentanteile zwischen „günstiger" und „ungünstiger" einen Saldowert für die Halbjahresprognose. Aus dem transformierten Mittelwert der beiden Salden entsteht der Indexwert für das Geschäftklima. Es ergeben sich schlussendlich drei Konjunkturdaten: das Geschäftsklima, die Geschäftslage und die Geschäftserwartungen. Ein sich andeutender konjunktureller Wendepunkt ist erst nach einer mindestens dreimaligen aufeinanderfolgenden Bewegung des Geschäftsklimaindex in die gleiche Richtung zu erwarten (sog. 3-mal-Regel). Je höher der Wert ausfällt, desto positiver ist die Stimmung in der Wirtschaft (Extremwerte: -100 und +100).[46] Abbildung 2 zeigt den Verlauf des Geschäftsklima-Index von Januar 1997 bis Oktober 2009. Im Bezug auf die aktuelle Wirtschaftskrise hat sich das ifo-Geschäftsklima für die gewerbliche Wirtschaft Deutschlands im Oktober im Vergleich zum September erneut verbessert. Auch wenn die Lage im Gegensatz zum Vorjahr weiterhin beachtlich schlechter ist, sind die befragten Unternehmen mit der aktuellen Geschäftssituation relativ zufrieden und beurteilen die zukünftige Entwicklung der Geschäfte weniger kritisch als noch im September. Somit zeigt sich eine langsame Erholung der deutschen Wirtschaft.[47]

Als weitere bedeutende Frühindikatoren können u.a. die Geldmenge M1, der Einkaufsmanagerindex sowie der Kurz- und Langfristzins genannt werden, die in dieser Untersuchung jedoch nicht betrachtet werden.

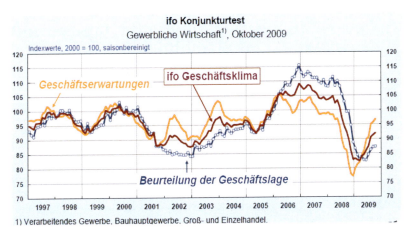

Abbildung 2   Entwicklung des ifo-Geschäftsklimas (1997-2009)

Quelle: Ifo-Institut für Wirtschaftsforschung (2009)

---

[46] Vgl. Clement/Terlau/Kiy (2004), S.191f.
[47] Vgl. ifo Institut für Wirtschaftsforschung (2009)

2.2.2 Präsenzindikatoren

Die aktuelle Konjunkturlage wird mit Hilfe der Präsenzindikatoren ausgedrückt. Zum einen werden vorrangig die Zeitreihen der Kapazitätsauslastung als Indikator herangezogen. Zum anderen stellt die industrielle Produktion in einem Industriestaat wie der Bundesrepublik Deutschland eine charakteristische Kennzahl für die Gesamtwirtschaft dar, mit der weitere Messgrößen wie die Veränderungen des Volkseinkommens und des Arbeitsmarktes verbunden sind. Das Statistische Bundesamt veröffentlicht verlässliche Zahlen der Produktion im monatlichen Rhythmus.[48]

Da „[…] das Bruttoinlandsprodukt […] das umfassendste Maß für die Gesamtproduktion einer Volkswirtschaft an Waren und Dienstleistungen […]"[49] für einen bestimmten Zeitraum (meistens eines Jahres) darstellt und damit die wichtigste Größe der volkswirtschaftlichen Gesamtrechnung ist[50], wird es überwiegend als Kennzahl für den Verlauf und die Entwicklung der Produktion eingesetzt.[51] Das BIP bezeichnet den Geldwert aller im Inland produzierten Güter.[52] Vorleistungen, die mit der Herstellung anderer Waren oder Dienstleistungen verbunden sind, werden hierbei nicht berücksichtigt.[53] Insbesondere für den internationalen Vergleich von Konjunkturdaten dient das BIP als Vergleichsmaßstab der einzelnen Länder.[54] Die Ermittlung kann mit Hilfe der Entstehungs-, Verwendungs- und Verteilungsrechnung erfolgen, welche zum gleichen Ergebnis führen.[55] In der Bundesrepublik Deutschland lässt sich das BIP nur über die Entstehungs- und Verwendungsrechnung ermitteln, da für die Berechnung der Verteilungsseite die Basisdaten über die Unternehmens- und Vermögenseinkommen nicht vorhanden sind.[56] Zur Bestimmung der tatsächlichen Wirtschaftentwicklung wird das reale BIP genutzt, da man dies frei von Preiseinflüssen betrachtet und somit eine genaue Grundlage für die Ermittlung schafft. Die Veränderungsrate des realen BIP dient als Vergleichsmaßstab für die Wirtschaftsentwicklung. Das nominale BIP wird hingegen zu Marktpreisen des Erhebungsjahres berechnet und beinhaltet somit

---

[48] Vgl. Woll (2003), S. 635.
[49] Samuelson/Nordhaus (2005), S.604.
[50] Vgl. Samuelson/Nordhaus (2005), S.603.
[51] Vgl. Peto (2008), S. 194.
[52] Vgl. Samuelson/Nordhaus (2005), S.603.
[53] Vgl. Clement/Terlau/Kiy (2004), S.37.
[54] Vgl. o.V. Microsoft® Encarta® Online-Enzyklopädie (2009).
[55] Vgl. Kampmann/Walter (2001), S.44.
[56] Vgl. o.V. Statistisches Bundesamt (2007).

die sich im Zeitablauf ändernden Preise.[57] In Abbildung 3 werden die für das erste Quartal 2006 bis zum zweiten Quartal 2009 entsprechenden Veränderungsraten des BIP dargestellt. Im Vergleich zum ersten Quartal 2009 ist das BIP im zweiten Vierteljahr um 0,3% höher. Seit dem ersten Quartal 2008 ist die deutsche Wirtschaft im zweiten Quartal 2009 erstmals wieder geringfügig angestiegen, was einen leichten Wirtschaftsaufschwung signalisiert.[58]

Auf Grund der Komplexität des Themas wird auf das BIP hier nicht näher eingegangen.

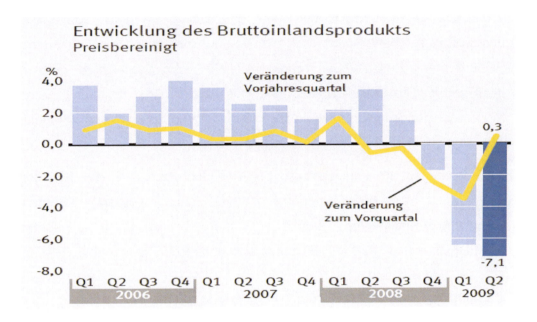

Abbildung 3   Entwicklung des Bruttoinlandsproduktes, preisbereinigt, 2. Quartal 2009 (Stand August 2009)

Quelle: Statistisches Bundesamt (2009)

2.2.3 Spätindikatoren

Die nachlaufenden Indikatoren reagieren mit einer Zeitverzögerung auf die geänderte konjunkturelle Situation und zeigen die Veränderungen meist zum

---
[57] Vgl. Samuelson/Nordhaus (2005), S.609f.
[58] Vgl. o.V. Statistisches Bundesamt (2009).

Ende einer durchlaufenden Konjunkturphase an.[59] Zu den wichtigsten Indizes zählen hier die Preise der Lebenshaltung und die Löhne. Somit wird eine konjunkturelle Aufschwungphase mit einer zeitlichen Verzögerung dazu führen, dass die Einkommen der Arbeitnehmer (Lohn-Lag) sowie die Preise der Güter zunehmen.[60] Zu den weiteren Spätindikatoren zählt u.a. der Arbeitsmarkt, z.B. die Arbeitslosenquote. Die konjunkturelle Erholung des Arbeitsmarktes tritt in der Aufschwungphase erst relativ spät ein, da erst bei längerfristigem Fortbestehen der Absatzänderungen Maßnahmen wie z.B. Neueinstellungen, durch die Unternehmen getroffen werden.[61] Als anfängliche Maßnahme wird versucht mehr Überstunden einzusetzen, um die verbesserte Situation zu überbrücken. Denn sowohl jede neu eingestellte als auch entlassene Arbeitskraft kostet Geld. Aufgrund dessen wird in einer Abschwungphase nicht unverzüglich mit Entlassungen reagiert vielmehr wird beobachtet, welchen Verlauf und welche Intensität die Phase des Abschwungs annimmt.[62] Diese Indikatoren sagen jedoch nur wenig zur Konjunkturprognose aus und sind dafür demzufolge ungeeignet.[63]

Die Einteilung der Konjunkturindikatoren kann auch nach weiteren Kriterien erfolgen, wie z. B. nach der Erhebungsmethode (Zeitreihen, Tests) oder ihrem Umfang (Einzelindikatoren, Gesamtindikatoren).[64] Auf diese genannten Gliederungsmethoden wird in dieser Untersuchung nicht eingegangen.

2.3 Erklärungsansätze für Konjunkturschwankungen

Für die Erklärung der konjunkturellen Schwankungen gibt es eine große Anzahl von Möglichkeiten. Konjunkturtheorien lassen sich jedoch grob danach einteilen, wo der Anstoß für die wirtschaftliche Veränderung vermutet wird, welcher sich dann in einem Zyklenmuster der gesamtwirtschaftlichen Aktivität manifestiert. Die Konjunkturtheorien lassen sich folglich in die exogenen und die endogenen Theorien unterteilen.[65] Als Beispiel kann der Vergleich des Wirtschaftssystems mit einem Schaukelstuhl herangezogen werden. Die Voraussetzung dafür, dass der Schaukelstuhl schwingt, schafft die Konstruktion

---

[59] Vgl. Cezanne (2005), S. 465.
[60] Vgl. Woll (2003), S. 635.
[61] Vgl. Kampmann/Walter (2001), S. 13.
[62] Vgl. Koch/Czogalla (1999), S. 377.
[63] Vgl. Woll (2003), S. 635.
[64] Vgl. Peto (2008), S. 195.
[65] Vgl. Samuelson/Nordhaus (2005), S.663.

des Stuhles (endogene Ursache). Um den Stuhl jedoch in Schwingungen zu versetzen, bedarf es eines Anstoßes von außen (exogene Ursache). Welche Schwingungen der Schaukelstuhl letztendlich ausführt, wird von der Konstruktion bestimmt, z.B. verstärkte Enden des Stuhles.[66]

Auszugehen ist von dem Modell der aggregierten Nachfrage und des aggregierten Angebots, welches überwiegend von den Nationalökonomen als Illustrierung für die kurzfristigen Wirtschaftsschwankungen verwendet wird. In diesem Zusammenhang sind das gesamtwirtschaftliche Produktionsniveau an Gütern (gemessen mit dem realen BIP) als realwirtschaftliche Größe und das allgemeine Preisniveau (ermittelt mit dem Verbraucherpreisindex) als nominale Variable von besonderer Bedeutung. Abbildung 4 stellt das Modell der kurzfristigen Wirtschaftsschwankungen dar. Auf der waagerechten Achse wird das Produktionsniveau und auf der senkrechten Achse das Preisniveau gemessen. Das Gesamtangebot repräsentiert die Menge an Gütern, welche die Unternehmen herstellen und verkaufen möchten.[67] Entsprechend umfasst die gesamtwirtschaftliche Nachfrage die Gesamtmenge an Waren und Dienstleistungen, welche zu einem entsprechenden Preisniveau nachgefragt werden. Sie fügt die folgenden Komponenten zusammen: den privaten Konsum, private Inlandsinvestitionen, Staatsausgaben sowie Nettoexporte.[68] Aufgrund dessen, dass die Realausgaben bei steigendem Preisniveau sinken, kommt es bei der Nachfragekurve zu einer Abwärtsneigung unter der Voraussetzung, dass weitere Faktoren konstant gehalten werden.[69] Im Punkt A bilden die angebotene und die nachgefragte Menge aller Produkte das Gleichgewicht. Kommt es zu Störungen, welche das Angebot bzw. die Nachfrage beeinträchtigen und somit als Ursache der Konjunkturentwicklung gelten, muss ein neues Gleichgewicht hergestellt werden. Dies kann durch eine Anpassung der Preise oder der Produktionsmengen erfolgen.

---

[66] Vgl. Siebert (2003), S. 339.
[67] Vgl. Mankiw/Taylor (2008), S. 825.
[68] Vgl. Bartling/Luzius (1998), S. 220.
[69] Vgl. Samuelson/Nordhaus (2005), S. 671.

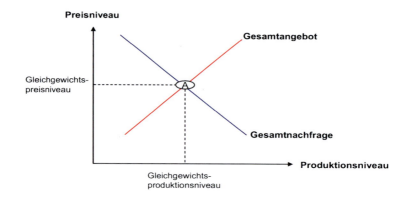

Abbildung 4   Modell der kurzfristigen Wirtschaftsschwankungen

Quelle: Mankiw/Taylor (2008), S. 825.

2.3.1 Exogene Ursachen

Bei der exogenen Theorie stammt der Impuls von außerhalb des Wirtschaftsprozesses einer Volkswirtschaft. Hier werden u.a. folgende Erscheinungen als Ursache der Konjunktur bezeichnet: Kriege, Revolutionen, Erschließung neuer Ressourcen, Klimaveränderungen, technischer Fortschritt, Bevölkerungsentwicklung, Auslandseinflüsse sowie Ölpreise.[70]

Im Folgenden werden zunächst der technische Fortschritt und der Ölpreisanstieg als Beispiele exogener Ursachen näher betrachtet, welche zu einer Verschiebung der Angebotskurve führen. Des Weiteren wird auf die Änderungen der Konsumausgaben und Nettoexporte als Beispiele exogener Ursachen eingegangen, welche für eine Verschiebung der Nachfragekurve verantwortlich sind.

Unter einem technischen Fortschritt versteht man die Erhöhung des produktionswirksamen Wissens einer Volkswirtschaft. Dadurch kann entweder eine gleiche Produktionsmenge (Output) mit einem geringeren Einsatz der Produktionsfaktoren (Input) oder eine höhere Gütermenge mit gleichem Einsatz an Arbeit und Produktionsmitteln erstellt werden.[71] Daraus resultiert eine steigende Produktionsleistung je Arbeitskraft. In der Praxis machen sich die Produktivitätsfortschritte durch neue Verfahren, neue Produkte wie z.B.

---

[70] Vgl. Samuelson/Nordhaus (2005), S. 663.
[71] Vgl. Heubes (1991), S.180.

Computer oder neue Organisationsformen wie z.B. schlankere Hierarchien in den Unternehmen bemerkbar. Weiterhin können auch die Einkommen und Löhne in Folge der Produktivitätssteigerung zunehmen.[72] Abbildung 5 verdeutlicht, dass ein technischer Fortschritt das Produktionspotenzial einer Volkswirtschaft vergrößert und die Gesamtangebotskurve I (Ausgangssituation) nach rechts verschiebt (Gesamtangebot II). Dies ermöglicht eine Preissenkung, was zu mehr Wettbewerbspotential führt. Die Volkswirtschaft bewegt sich vom Punkt A zu Punkt B. Aufgrund dessen kommt es zu einem wirtschaftlichen Aufschwung und gleichzeitig zu einer Preissteigerung auf den Faktormärkten. Das Ende des Aufschwungs ist dann erreicht, wenn die Wirkung des Innovationsschubes nachlässt, was zu einer Preissenkung und folglich zu geringerem Gewinn führt. Die Wirtschaft tritt in die Phase des Abschwungs ein.[73]

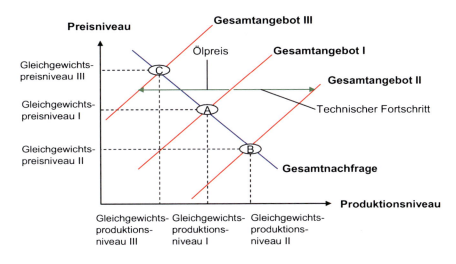

Abbildung 5   Verschiebung der Gesamtangebotskurve

Quelle: Eigene Darstellung

Das Rohöl gilt als bedeutender Inputfaktor bei vielen Produktionsverfahren. Wenn aus Erdöl produzierenden Ländern wie Saudi-Arabien der Rohölzufluss aufgrund bestimmter Einflüsse beschränkt oder vollkommen gestoppt wird, führt dies zu einem Anstieg des Rohölpreises auf der ganzen Welt. Dadurch werden

---

[72] Vgl. Clement/Terlau/Kiy (2004), S.337.
[73] Vgl. Blum (1994), S. 67.

die Produktionskosten der Anbieter, die Rohöl zur Herstellung ihrer Produkte benötigen, erhöht. In den Jahren von 1973 bis 1975 und 1978 bis 1981 kam es zu erheblichen Ölpreisanstiegen, welche durch die OPEC ausgelöst wurden. Durch eine Begrenzung des Ölexports lies die OPEC den Preis in die Höhe steigen, was sich bei Ländern mit Öleinfuhren durch Inflation und Rezession bemerkbar machte. In Abbildung 5 wird die Kostenerhöhung der Unternehmen durch eine Linksverschiebung der Gesamtangebotskurve I veranschaulicht. Die Volkswirtschaft bewegt sich von Punkt A zu Punkt C und es folgt eine Stagflation, d.h., dass das Produktionsniveau sinkt und das Preisniveau steigt.[74] Die Nachfragekurve kann durch eine plötzliche Veränderung der Konsumausgaben verschoben werden. Wenn z.B. die Steuern gesenkt werden, haben die Menschen mehr Einkommen zur Verfügung, wodurch höhere Ausgaben getätigt werden können. Die Nachfragekurve verschiebt sich folglich nach rechts (Gesamtnachfrage II). Bei jedem Preisniveau ist die nachgefragte Menge an Gütern nun höher (vgl. Abb. 6). Wenn beim Exportweltmeister Deutschland eine Änderung der Nettoexporte bei gegebenem Preisniveau erfolgt, kommt es ebenfalls zu einer Verschiebung der Nachfragekurve. Befindet sich z.B. die USA in einem konjunkturellen Abschwung, wie in der aktuellen Wirtschaftskrise, dann ergibt sich daraus ein Rückgang der deutschen Nettoexporte. Die Nachfragekurve (Gesamtnachfrage I) verschiebt sich demzufolge nach links (Gesamtnachfrage III) (vgl. Abb. 6).[75]

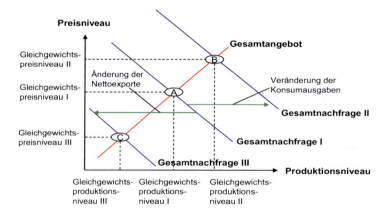

Abbildung 6   Verschiebung der Gesamtnachfragekurve

Quelle: Eigene Darstellung

---

[74] Vgl. Samuelson/Nordhaus (2005), S.850f.
[75] Vgl. Samuelson/Nordhaus (2005), S.830f.

Da stetig verschiedene Änderungen auftreten, kommt es unentwegt zu Schwankungen der Wirtschaftsentwicklung und somit zu den verschiedenen konjunkturellen Phasen.

2.3.2 Endogene Ursachen

Die endogenen Konjunkturtheorien besagen, dass die Konjunkturschwankungen durch Mechanismen im Wirtschaftssystem hervorgerufen werden, ohne dass es eines besonderen Anstoßes bedarf.[76] Hierbei lassen sich die unterschiedlichen Konjunkturtheorien in folgende Gruppen gliedern: nicht-monetäre Überinvestitionstheorien, Unterkonsumtionstheorien, monetäre Theorien und die Schumpetersche Theorie.[77]

a) Nicht-monetäre Überinvestitionstheorien

Bei den nicht-monetären Überinvestitionstheorien werden die erheblichen Schwankungen der Investitionstätigkeiten bei einem verhältnismäßig konstanten Konsum als Hauptursache für den Konjunkturzyklus angesehen. Aufgrund von verstärkten Investitionen, bei denen je nach Ansicht der Hauptvertreter, wie u.a. Spiethoff (1955) und Malthus (1820), die Ursachen variieren, kommt es dazu, dass ein Aufschwung ausgelöst wird. Die Investitionsgüterindustrie expandiert während dieses Aufschwungs übermäßig stark, was bei einer kontinuierlichen Konsumentwicklung zu einem Ungleichgewicht zwischen der Kapazität der Investitionsgüterindustrie und den Investitionserfordernissen der Konsumgüterindustrie führt. Sobald die Unternehmen dieses Ungleichgewicht wahrnehmen, werden sie mit einer Gegenbewegung einsteuern. Die Kapazitätsauslastung sowie die Investitionstätigkeit werden zurückgehen und ein konjunktureller Abschwung wird eingeleitet.[78]

---

[76] Vgl. Koch/Czogalla (1999), S. 387.
[77] Vgl. Cezanne (2005), S. 470.
[78] ebenda

b) Unterkonsumtionstheorien

Die Unterkonsumtionstheorien sehen in der ungleichen Verteilung der Einkommen den Grund für die konjunkturellen Schwankungen. Demnach ist die Konsumnachfrage geringer als die für den Konsum bestimmte Absatzmenge. Der Grund hierfür wird zum einen in einer erhöhten Spartätigkeit während des Abschwungs gesehen. Die Gewinneinkommensbezieher sparen im Allgemeinen mehr als die Lohneinkommensbezieher und weisen folglich einen geringeren Konsum auf, wodurch die Kapazitäten nicht ausgelastet werden. Zum anderen steigen die Löhne wegen des Lohn-lags nicht im gleichen Ausmaß wie die Konsumgüterpreise, was dazu führt, dass dem Konsumgüterangebot eine zu geringe Nachfrage gegenübersteht, was ebenfalls zu einer Unterauslastung der Kapazitäten führt. Diese unzureichende Kapazitätsauslastung bewirkt schließlich den konjunkturellen Abschwung. Schlussendlich ist die Ungleichheit der Einkommensverteilung zu stark, um eine angemessene Konsumnachfrage zu gewährleisten.[79] Als Hauptvertreter dieser Theorien gelten u.a. Hobson (1930), Lederer (1925) und Preiser (1933).[80]

c) Monetäre Theorien

Bei den monetären Theorien werden die wirtschaftlichen Schwankungen durch den Geldsektor verursacht. Als Hauptvertreter dieser Theorien gilt primär R. G. Hawtrey (1928). Seiner Ansicht nach sind die Überschussreserven der Geschäftsbanken der Auslöser des Konjunkturverlaufs. Dadurch kommt es zu einer Kreditexpansion in Verbindung mit sinkenden Zinsen. Während des Aufschwungs steigt im realen Sektor die Nachfrage, was zu einer Erhöhung der Preise führt. Der obere Wendepunkt ist erreicht, wenn die Kreditnachfrage schrumpfenden Überschussreserven des Bankensystems gegenüber steht und die Kreditexpansion demzufolge nicht aufrechterhalten werden kann. Der Abschwung ist durch eine rückläufige Nachfrage und einer damit verbundenen Preissenkung sowie durch steigende Zinsen gekennzeichnet.[81]

---

[79] Vgl. Koch/Czogalla (1999), S. 388.
[80] Vgl. Cezanne (2005), S. 471.
[81] Vgl. Cezanne (2005), S. 472.

d) Schumpetersche Konjunkturtheorie

Joseph A. Schumpeter (1883-1950), der als Begründer der Innovationsforschung gilt, „[...] hat die These vertreten, dass der Konjunkturzyklus das Resultat revolutionierender technischer Innovationen ist".[82] Er unterscheidet zwischen der Invention (technische Erfindung) und der Innovation (ökonomische Durchsetzung der Erfindung in einer revolutionären Kombination der Produktionsfaktoren durch einen dynamischen Unternehmer).[83] Als entscheidender Auslöser der Konjunktur gilt jedoch nicht die Erfindung, sondern die massenhafte Durchsetzung. Der Innovationsprozess vollzieht sich nicht wie bei der Invention gleichmäßig, sondern in zyklischen Schwankungen. Der Grund liegt darin, dass der Großteil der Unternehmer nicht bereit ist neuere Methoden zu übernehmen, solange sie noch nicht erprobt sind. Die wenigen mutigen Innovatoren, die bereit sind eine Erfindung zu realisieren, werden mit hohen „Pioniergewinnen" belohnt. Dies wiederum lockt viele andere Unternehmer an (Imitatoren), was eine Welle von Innovationstätigkeiten auslöst.[84] Aufgrund dessen kommt es zu einem wirtschaftlichen Aufschwung und gleichzeitig zu einer Preissteigerung auf den Faktormärkten. Das Ende des Aufschwungs ist dann erreicht, wenn die Wirkung des Innovationsschubes nachlässt, was zu einer Preissenkung und folglich zu geringerem Gewinn führt. Die Wirtschaft tritt in die Phase des Abschwungs ein.[85] Eine weitere neue Erfindung stellt den Auslöser für einen neuen Aufschwung dar.[86]

---

[82] Siebert (2003), S. 339.
[83] Vgl. Peto (2008), S. 210.
[84] Vgl. Siebert (2003), S. 338f.
[85] Vgl. Blum (1994), S. 67.
[86] Vgl. Cezanne (2005), S. 472.

3 Absatzpolitische Maßnahmen

3.1 Marketing-Konzeption

Eine Marketing-Konzeption stellt die Umsetzung des marktorientierten Denkens im Unternehmen dar und bildet die Grundlage des Marketings, das sich auch als marktorientierte Unternehmensführung definieren lässt. Aufgabe ist es, abgestimmte Handlungsanweisungen für das gesamte Unternehmen zu geben. Zahlreiche Umwelt- bzw. Umfeldveränderungen, wie z.B. dynamische Wandlungsprozesse des Käuferverhaltens, schwaches Marktwachstum bzw. stagnierende Märkte, ein anhaltender technologischer Wandel sowie der verschärfte und globalisierte Wettbewerb führten dazu, dass das konzeptionelle Marketing sich zu einer Notwendigkeit entwickelte.[87] Becker definiert den Begriff Marketing-Konzeption wie folgt: „Eine Marketing-Konzeption kann aufgefasst werden als ein schlüssiger, ganzheitlicher Handlungsplan ("Fahrplan"), der sich an angestrebten Zielen ("Wunschorten") orientiert, für ihre Realisierung geeignete Strategien ("Route") wählt und auf ihrer Grundlage die adäquaten Marketinginstrumente ("Beförderungsmittel") festlegt".[88] Demzufolge lassen sich die Bestandteile bzw. Ebenen einer Marketing-Konzeption in die Marketingziele,
Marketingstrategien und den Marketingmix einteilen (vgl. Abb. 7).[89] Die Marketingziele definieren den künftigen Sollzustand und bilden somit den Ausgangspunkt für die weitere Planung. Die Marketingstrategien legen langfristig die weitere Vorgehensweise des Unternehmens gegenüber Kunden und zentralen Stakeholdern fest.[90] Der Marketingmix liefert die optimalen Instrumente, die das Unternehmen für einzelne Leistungsangebote am Markt einsetzt. Voraussetzung für die Wahl des richtigen Instrumentariums ist demzufolge die Festlegung der Ziele und Strategien, um einen optimalen Einsatz der operativen Marketinginstrumente zu erreichen.[91]

---

[87] Vgl. Becker (2006), S. 3f.
[88] Becker (2006), S. 5.
[89] Vgl. Becker (2006), S. 4f.
[90] Vgl. Walsh/Klee/Kilian (2009), S. 15.
[91] Vgl. Becker (2006), S. 5.

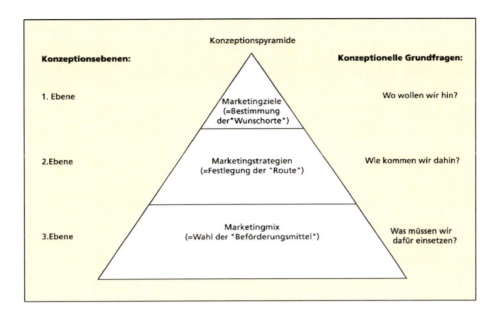

Abbildung 7   Bestandteile der Marketing-Konzeption

Quelle: Becker (2006), S. 4.

Die weitere Ausführung konzentriert sich auf den dritten und letzten Schritt bei der Erstellung einer Marketing-Konzeption, in dem die zuvor geplanten Ziele und Strategien umgesetzt werden, den Marketingmix.

3.2 Marketingmix

„Der Marketingmix kann im Sinne einer vollständigen und konkret zu realisierenden Marketing-Konzeption insgesamt als die zielorientierte, strategieadäquate Kombination der taktisch-operativen Marketinginstrumente („Beförderungsmittel") aufgefasst werden".[92] Hierbei sind die Marketinginstrumente als Parameter zur Bearbeitung des Absatzmarktes sowie zur Beeinflussung des Nachfragerverhaltens zu verstehen, um die Oberziele und geplanten Strategien des Unternehmens zu realisieren. In der deutschen Literatur hat sich insbesondere die 4er-Systematik[93] des absatzpolitischen Instrumentariums durchgesetzt. Demzufolge lassen sich die auf den

---

[92] Becker (2006), S. 485.
[93] In ursprünglicher Anlehnung an das 4-P-System von Mc Carthy (Product, Price, Place, Promotion).

Absatzmarkt gerichteten Marketingaktivitäten in die Produkt-, Preis-, Distributions- und Kommunikationspolitik unterscheiden.[94]

3.2.1 Produktpolitik

Als erster Instrumentalbereich des klassisch-operativen Marketings umfasst die Produktpolitik „[...] alle Aktivitäten eines Unternehmens, die auf die Gestaltung einzelner Produkte oder des gesamten Absatzprogramms gerichtet sind"[95]. Grundlegendes Ziel der Produktpolitik ist die Bereitstellung eines auf den Kundennutzen gerichteten Absatzprogramms, welches den Unternehmens- und Marketingzielen entspricht. Das Produkt bildet die Basis für die marktorientierten, unternehmerischen Entscheidungen sowie für den Einsatz der anderen absatzpolitischen Instrumente.[96] Es kann allgemein als eine vom Anbieter gebündelte Menge von Eigenschaften charakterisiert werden, welche in der Lage ist, eines oder mehrere Bedürfnisse der Nachfrager zu befriedigen.[97] Demnach sind Produkte nicht nur materielle Güter, wie z.B. ein Buch, sondern es kann sich auch um immaterielle Produkte, d.h. Dienstleistungen wie z.B. der Haarschnitt bei einem Friseur handeln.[98]

Die Produktpolitik umfasst ein sehr umfangreiches Aufgabenspektrum. Die zentralen Entscheidungen, die in der Produktpolitik stets getroffen werden, beziehen sich auf die Produktinnovation, d.h. es erfolgt eine Neuerung im bestehenden Leistungsangebot.[99] Im Sinne einer objektiven Sichtweise der Produktinnovation gelten die Produkte als neu, wenn diese sich erst seit kurzer Zeit auf einem Markt befinden. Sie können aber bereits in modifizierter oder gleicher Form auf dem Markt existieren. Folglich wird das Produkt nur von einem bestimmten Unternehmen erstmalig angeboten. Bezüglich des Neuheitsgrades lassen sich drei verschiedene Arten von Produktneuheiten unterscheiden: echte Innovationen, d.h. völlig neue Produkte (Bsp. Viagra®), quasi-neue Produkte, d.h. neuartige Produkte, welche an bereits bestehende Produkte anknüpfen (Bsp. Diät-Schokolade) und me-too Produkte, welche bereits bestehenden Produkten nachempfunden werden (Bsp. X-te

---

[94] Vgl. Becker (2006), S. 487.
[95] Scharf/Schubert (1997), S. 65.
[96] Vgl. Scharf/Schubert (1997), S. 66f.
[97] Vgl. Weis (2007), S.230.
[98] Vgl. Lötters (1998), S. 85.
[99] Vgl. Weis (2007), S. 228f.

Waschmittel).[100] Zu den weiteren Basisentscheidungen der Produktpolitik gehören die Produktdifferenzierung, die Produktvariation sowie die Produkteliminierung. Bei der Produktdifferenzierung werden ausgehend von einem bestehenden Grundmodell weitere leicht modifizierte Produkte angeboten (Ergänzung des Leistungsangebots). Innerhalb der Produktvariation werden ausgewählte Eigenschaften eines bisher schon angebotenen Produktes verändert und bei der Produkteliminierung wird ein Produkt endgültig aus dem Angebot eines Unternehmens entfernt.[101]

3.2.2 Preispolitik

Die Preispolitik umfasst alle marktbezogenen Entscheidungen, die durch die Festsetzung bestimmter Preise zur Erreichung der angestrebten Unternehmensziele beitragen sollen. Ziel der Preispolitik ist somit die Bestimmung eines optimalen Preises, der sich auf das Gesamtangebot eines Unternehmens, auf Teilbereiche des Gesamtangebots und Einzelprodukte beziehen kann.[102] Grundsätzlich gilt, dass der Preis aus Sicht des Kunden ein relevanter Bestimmungsfaktor seiner Kosten ist. Wenn ein Unternehmen ein Produkt neu auf den Markt bringt bzw. mit einem bestehenden Produkt in einen neuen Markt eintritt, muss der Angebotspreis erstmalig festgelegt werden. Zu den wichtigsten Einflussfaktoren der Preisfestlegung gehören die Nachfrager, die unternehmensspezifischen Kosten und der Wettbewerb. Kommt es zu Änderungen innerhalb der Bestimmungsfaktoren, müssen die Preise gegebenenfalls im Laufe der Zeit verändert werden.[103] Begleitend zur eigentlichen Preisgestaltung werden preisliche Maßnahmen im Bereich der Konditionenpolitik getroffen. Hierzu gehören die Rabatte, die Liefer- und Zahlungsbedingungen sowie die Absatzfinanzierungen.[104]

Rabatte sind Preisnachlässe von einem bereits festgelegten Preis (Listenpreis), die vom Unternehmen für bestimmte Leistungen des Abnehmers gewährt werden. Im Allgemeinen ist die Rabattpolitik nur dann zweckmäßig, wenn für das abzusetzende Produkt ein einheitlich festgesetzter Preis besteht, auf den der Anbieter einen Nachlass erheben kann, um sich vom Listenpreis (im

---
[100] Vgl. Becker (2006), S. 156f.
[101] Vgl. Weis (2007), S. 228f.
[102] Vgl. Weis (2007), S. 313.
[103] Vgl. Scharf/Schubert (1997), S. 137f.
[104] Vgl. Weis (2007), S. 311.

Einzelhandel) abzuheben. Rabatte sind demzufolge als Instrumente der preislichen Feinsteuerung anzusehen, welche dem Unternehmen die Möglichkeit bieten preisliche Veränderungen durchzuführen, ohne die grundsätzliche Gestaltung des Preises zu verändern. Sie können entweder in Form eines prozentualen oder absoluten Abschlags auf den Endverbraucherpreis einer Leistung gewährt werden.[105] Es lassen sich grundsätzlich folgende Rabattarten unterscheiden: Funktionsrabatte (Gewährung der Übernahme bestimmter Funktionen, bspw. räumen Hersteller dem Handel Nachlässe für den Vertrieb von Produkten ein), Mengenrabatte (Gewährung in Abhängigkeit der Menge, damit der Abnehmer pro Auftrag oder Periode eine größere Anzahl der Ware kauft), Zeitrabatte (werden für einen bestimmten Zeitraum gewährt, z.B. Einführungs- oder Saisonrabatte) und die Treuerabatte (sollen die Kunden weiterhin an das Unternehmen binden und sie belohnen).[106]

Die Zahlungs- und Lieferbedingungen sind i.d.R. Bestandteile des Kaufvertrags. Sie beinhalten Verpflichtungen seitens des Lieferanten und des Kunden im Bezug auf die Übergabe, den Gefahren- und Eigentumsübergang der Produkte vom Lieferanten zum Kunden und die Zahlungsabwicklung durch den Kunden. Bei den Lieferbedingungen geht es insbesondere um eine genaue Spezifizierung des Inhalts und Umfangs der Lieferverpflichtungen des Lieferanten. Des Weiteren regeln sie Ort und Zeit der Warenübergabe, die Berechnung der Verpackungs-, Fracht- und Versicherungskosten etc., das Umtausch- und Rückgaberecht, die Lieferzeit, die Lieferbereitschaft sowie die Lieferart. Die Zahlungsbedingungen regeln die Zahlungsverpflichtungen des Käufers. Dazu zählen u.a. die Art und Weise der Zahlung (z.B. Vorauszahlung), die Zahlungssicherung (z.B. persönliche oder dingliche Sicherung), die Inzahlungnahme gebrauchter Ware (z.B. Kfz-Kauf) sowie die Zahlungsfristen (z.B. Zahlung innerhalb von 20 Tagen).[107]

Mittels der Absatzfinanzierung versucht der Hersteller Einfluss auf den Nachfrager zu nehmen, um diesen zum Kauf bzw. zu einem vorzeitigen Kauf anzuregen. Ziel ist es, speziell die kaufwilligen Nachfrager mit einer geringen Kaufkraft unter Anwendung von Absatzkrediten zu unterstützen, da diese einer

---

[105] Vgl. Scharf/Schubert (1997), S. 194.
[106] Vgl. Becker (2006), 524f.
[107] Vgl. Scharf/Schubert (1997), S. 203f.

frühzeitigen Zahlung nach der Leistungserbringung nicht nachkommen können. Dadurch kann die eigene Absatzsituation durch Neukundengewinnung und die Kaufintensität bei bereits bestehenden Kunden gestärkt bzw. gesteigert werden. Die Finanzierung solcher Kredite kann durch eine Alleinfinanzierung (Verkäufer ist gleichzeitig Kreditgeber; Finanzierung aus eigenen Mitteln), Refinanzierung (Verkäufer ist gleichzeitig Kreditgeber; Finanzierung erfolgt durch Aufnahme von Bankkrediten) oder Drittfinanzierung (tatsächlicher Geldgeber ist Kreditgeber; z.B. Teilzahlungsgesellschaft) erfolgen.[108]

Im Gegensatz zu den produkt-, kommunikations-, und distributionspolitischen Maßnahmen benötigen Preismaßnahmen einerseits einen geringeren zeitlichen Vorlauf und andererseits werden sie bereits kurzfristig am Markt wirksam. Aufgrund dessen dient die Preispolitik als kurzfristiges, flexibles und taktisches Marketinginstrument.[109]

3.2.3 Distributionspolitik

Die Distributionspolitik als drittes Element des Marketing-Mix beschäftigt sich mit allen Entscheidungen und Handlungen, die auf dem Weg einer Leistung vom Hersteller bis hin zum Endverwender getroffen werden müssen. Die Basisentscheidungen der Distributionspolitik umfassen die Wahl des Absatzweges (akquisitorische Komponente), die Bestimmung des Absatzorgans (akquisitorische Komponente) und die Absatzlogistik (physische Komponente). Das primäre Ziel der Distributionspolitik liegt vor allem darin, eine hohe Verfügbarkeit der eigenen Leistung auf dem Markt zu realisieren, d.h. der potentielle Käufer soll das Produkt relativ schnell und bequem erwerben können.[110]

Der Absatzweg ist der Weg einer Leistung über die Glieder der Absatzkette vom Hersteller bis zum Endverbraucher bzw. -verwender. Für die Gestaltung des Absatzweges stehen dem Hersteller viele Möglichkeiten zu Verfügung. Je nachdem, ob auf diesem Weg Zwischenhändler eingeschaltet sind oder nicht, kann generell zwischen zwei Hauptarten von Absatzwegen unterschieden werden: dem direkten und dem indirekten Absatzweg.[111] Bei dem direkten

---

[108] Vgl. Scharf/Schubert (1997), S. 200f.
[109] Vgl. Uhe (2002), S.102.
[110] Vgl. Preißner/Engel (1997), S. 152.
[111] Vgl. Becker (2006), S. 528.

Absatz werden keine unternehmensexternen Institutionen eingeschaltet, d.h. der Hersteller tritt unmittelbar mit den Kunden in Kontakt (insbesondere in der Investitionsgüterindustrie und im Dienstleistungssektor). Im Gegensatz dazu wird beim indirekten Absatz auf Zwischenhändler zurückgegriffen (insbesondere im Konsumgüterbereich).[112]

Als Absatzorgane werden Personen und/oder Institutionen bezeichnet, die am Absatz von Produkten helfend beteiligt sind. Hierbei unterscheidet man zwischen unternehmenseigenen und unternehmensfremden Absatzorganen.[113] Die unternehmenseigenen Absatzorgane sind an Weisungen des verkaufenden Unternehmens gebunden. Bei den unternehmensfremden Absatzorganen, die sich in die Absatzhelfer (vermitteln Aufträge, erwerben kein Eigentum an der Ware) und Absatzmittler (wirtschaftlich und rechtlich selbständige Organe, werden Eigentümer der Ware) einteilen lassen erfolgt eine Spezialisierung auf bestimmte Aufgaben. Der direkte Absatz kann über unternehmenseigene Organe, wie Verkaufsabteilungen, Verkaufsniederlassungen, Reisende sowie Mitgliedern der Geschäfts- und Marketingleitung erfolgen. Weiterhin kann der direkte Absatz über selbständige Absatzhelfer, wie Handelsvertreter (ist in fremden Namen und auf fremde Rechnung tätig), Handelsmakler (vermittelt Geschäftsabschlüsse) und Kommissionär (tritt im eigenen Namen auf, verkauft aber auf fremde Rechnung) erbracht werden.[114] Bei dem indirekten Vertrieb werden externe Absatzmittler, wie der Einzel- und/oder Großhandel, als unternehmensfremde Absatzorgane eingeschaltet. Großhandelsbetriebe kaufen Waren ein und verkaufen diese ohne wesentliche Be- und Verarbeitung an alle Nicht-Konsumenten wie Wiederverkäufer (andere Groß- und Einzelhandelsbetriebe), Weiterverarbeiter (Hersteller/Handwerker) oder sonstige Verarbeiter (z.B. Gaststätten, Kantinen usw.). Zu den Betriebsformen des Großhandels, welche sich durch unterschiedliche Distributionsfunktionen, wie z.B. Transaktions-, Lagerungs-, Transportfunktion usw., kennzeichnen lassen, zählen der Sortimentsgroßhandel (bietet breites Sortiment an), Spezialgroßhandel (bietet tiefes Sortiment an), Streckengroßhandel (übernimmt kein Lagerrisiko, Ware geht direkt vom

---

[112] Vgl. Scharf/Schubert (1997), S. 296.
[113] Vgl. Pepels (2001), S.69.
[114] Vgl. Pepels (2001), S. 71ff.

Lieferanten an den Abnehmer), Zustellgroßhandel (liefert die Ware an den Kunden), Cash & Carry- Großhandel (Kunde holt die Ware beim Großhändler selbst ab) sowie die Rack-Jobber (Großhändler mietet selbst beim Einzelhändler Regale an und verwaltet diese).[115] Im Gegensatz zum Großhandel schafft sich der Einzelhandel Waren an und verkauft diese ohne relevante Be- oder Verarbeitung direkt an den Endverbraucher. In der Praxis gibt es eine Vielzahl von Handelsbetriebsformen des Einzelhandels, die sich nach den Kriterien Sortimentspolitik, Serviceangebot, Größe, Preislage, Standort und Rechtsform einteilen lassen. Zu den Betriebsformen gehören u.a. die Fach- und Spezialgeschäfte, Kauf- und Warenhäuser, Supermärkte, Discounter, SB-Warenhäuser u.v.m.[116]

Die Absatzlogistik umfasst die Gestaltung, Steuerung sowie Überwachung aller Aktivitäten, die für die Transport- und Lagervorgänge zur Auslieferung der Produkte und Leistungen des Unternehmens an die Kunden notwendig sind. Die zentrale Aufgabe der Logistik besteht darin, zu minimalen Kosten die richtigen Produkte im richtigen Zustand, in der richtigen Menge zum richtigen Zeitpunkt, am richtigen Ort bereitzuhalten. Demzufolge müssen innerhalb der Absatzlogistik Entscheidungen über den Lieferservice getroffen werden. Dieser setzt sich aus den Bestandteilen Lieferzeit, Lieferzuverlässigkeit, Lieferbeschaffenheit und Lieferflexibilität zusammen, welche darauf abzielen die Kundenerwartungen zu erfüllen, um somit die Kundenbindung zu stärken. Das Absatzlogistik-System beruht auf folgenden Subsystemen: der Auftragsabwicklung, der Lagerhaltung, dem Transport und der Verpackung. Die Auftragsabwicklung umfasst die Auftragsannahme, Auftragsbearbeitung, Kommissionierung, Versandbereitstellung und die Fakturierung, d.h. alle Aktivitäten, die den Informationsfluss von der Anfrage des Kunden bis zur Erstellung der Rechnung betreffen.[117] Die Lagerhaltung dient zur Überbrückung von zeitlichen Disparitäten zwischen der Produktions- und Absatzzeit.[118] Die zentralen Entscheidungen der Lagerhaltung beziehen sich auf die Anzahl der benötigten Lager, die Standortwahl der Lager, die Lagergröße, die Betriebsform (Eigen- oder Fremdlager), die Höhe der Lagerbestände und die Gestaltung der Lager. Bei einem Transport geht es um die optimale Beförderung eines

---

[115] Vgl. Scharf/Schubert (1997), S. 302f.
[116] Vgl. Bea/Dichtl/Schweitzer (2002), S. 267.
[117] Vgl. Weis (2007), S. 409f.
[118] Vgl. Scharf/Schubert (1997), S. 334.

Produktes (Transportgut). Dabei sind insbesondere Entscheidungen bezüglich des Transportmittels (Straße, Schiene, Schiff usw.), die Wahl der Transportorganisation (Eigen- oder Fremdbetrieb) und des Transportprozesses zu treffen.[119] Die Verpackung muss im Rahmen der Absatzlogistik folgende Funktionen erfüllen: Schutzfunktion, Lagerfunktion, Informationsfunktion sowie die Lade- und Transportfunktion.[120]

3.2.4 Kommunikationspolitik

Die Kommunikationspolitik ist neben der Produkt-, Preis- und Distributionspolitik das vierte Element im Marketingmix, dem eine zentrale Bedeutung zugesprochen werden muss. Dieses absatzpolitische Instrument umfasst alle marktorientierten Maßnahmen, die darauf gerichtet sind die aktuellen Käufer bzw. potentiellen Käufer sowie die Öffentlichkeit anzusprechen.[121] Als „Sprachrohr des Marketing" kommt der Kommunikationspolitik die Aufgabe zu, Informationen über die Unternehmensleistung bereitzustellen, um die Zielgruppen zu beeinflussen und zum Kauf anzuregen.[122] Zu den zentralen Zielen der kommunikationspolitischen Maßnahmen zählen u.a. die Erhöhung des Bekanntheitsgrades von Produkten, Firmen und Marken, die Festigung des Images von Produkten und Unternehmen, die Positionierung eines Produktes sowie die Verstärkung der Kaufabsicht.[123] Um die angestrebten Ziele zu erreichen, stehen dem Unternehmen verschiedene Instrumente der Kommunikationspolitik zur Verfügung. Diese lassen sich in die klassischen und die modernen Kommunikationsmethoden unterteilen. Zu den klassischen Instrumenten zählen die Werbung, die Verkaufsförderung und die Öffentlichkeitsarbeit. Das moderne Instrumentarium lässt sich in das Sponsoring sowie das Product Placement unterteilen.[124]

Der Schwerpunkt der Kommunikationspolitik liegt auf dem Gebiet der Werbung. Werbung ist jede Form der nicht-persönlichen und in räumlicher Distanz vom Verkaufsort durchgeführten Darbietung der Marktkommunikation und dient der

---

[119] Vgl. Weis (2007), S. 414f.
[120] Vgl. Scharf/Schubert (1997), S. 335.
[121] Vgl Weis (2007), S. 423.
[122] Vgl. Scharf/Schubert (1997), S. 210.
[123] Vgl. Uhe (2002), S. 155.
[124] Vgl. Scharf/Schubert, S. 211f.

gezielten und bewussten Beeinflussung der Zielgruppen. Grundsätzlich unterscheidet man die klassische Medienwerbung (z.B. Fernsehspot, Radiowerbung, Anzeigen usw.), die sich an alle potentiellen Kunden richtet und die Direktwerbung (z.B. E-Mail, Katalog), welche gezielt auserwählte Kunden anspricht. Die Werbeplanung zielt darauf ab eine Werbekampagne für ein Werbeobjekt (Produkt, Dienstleistung) zu erarbeiten. Sie beginnt mit der Recherche und Analyse der Ausgangssituation, welche sowohl durch Unternehmensfaktoren (z.B. Unternehmenspolitik) als auch Umfeldfaktoren (Zielgruppen, Konkurrenz usw.) charakterisiert wird. Auf die Analysephase folgt zunächst eine Ansammlung von Informationen über das Werbeobjekt sowie eine Bestimmung der Werbesubjekte (Zielgruppen), welche durch eine Segmentierung des relevanten Marktes erfolgt, um die Werbeziele letztendlich festzulegen.[125] Die Werbeziele werden aus dem Zielsystem der Unternehmung über die Marketingziele abgeleitet und müssen operational formuliert werden, d.h. Zielinhalt, Zielausmaß und der Zeithorizont werden konkret bestimmt. Die Werbeziele lassen sich zum einen in die ökonomischen Ziele (z.B. Absatz, Preis usw.) und zum anderen in die kommunikativen Werbeziele (z.B. Image, Bekanntheitsgrad usw.) einteilen, wobei die ökonomischen Werbeziele aufgrund externer Effekte, welche die Werbewirkung beeinflussen können, der Werbung nicht direkt zurechenbar sind.[126] Wenn die Werbeziele festgelegt sind, kommt es zur Planung des Werbebudgets, welches zur Erreichung der Ziele vom Unternehmen bereit gestellt werden muss und für den Werbeerfolg von großer Bedeutung ist. Die Grundlage der Werberealisierung bildet eine Basiskonzeption (Copy-Strategie), in der die Grundaussagen manifestiert werden („Roter Faden" der Werbebotschaft), um im weiteren Verlauf Entscheidungen über die Wahl der Werbemedien und über die Gestaltung verschiedener Werbemittel treffen zu können. Zu den wichtigsten Werbemitteln zählen u.a. Fernsehspots, Flyer, Anzeigen, Banner, Kataloge usw. Um die Wirksamkeit der Werbung prognostizieren und die Werbemittel optimieren zu können, erfolgt vor der Durchführung der Werbekampagne ein Werbemitteltest (Pretest). Der Werbeerfolg lässt sich daraufhin durch eine Erfolgskontrolle

---

[125] Vgl. Scharf/Schubert (1997), S. 219f.
[126] Vgl. Lötters (1998), S. 188f.

messen. Diese dient der Kontrolle des Erfolges einzelner Werbemittel oder ganzer Werbekampagnen nachdem diese auf dem Markt eingesetzt wurden.[127]

Die Verkaufsförderung („Sales Promotion") als weitere klassische Kommunikationsmethode umfasst alle Mittel, welche die Absatzsteigerung unterstützen. Mit Hilfe dieser verschiedenen, meist kurzfristigen, Anreize sollen schnellere Kaufreaktionen ausgelöst werden. Ziel dieser Handlungen können dabei die Käufer eines Produktes, die Handelspartner oder die Verkäufer (Außendienstmitarbeiter) sein. Bei der verbrauchergerichteten Verkaufsförderung besteht die Aufgabe darin, den Verbraucher auf das Produkt aufmerksam zu machen und einen direkten Kontakt herzustellen, um einen Pull-Effekt auszulösen (Nachfragesog durch den Konsumenten). Als Maßnahmen werden dafür Proben, Preisausschreiben, Gutscheine, Treueprämien, Garantien usw. eingesetzt. Die händlerorientierte Verkaufsförderung, die ein Hersteller einsetzt, verfolgt primär das Ziel durch entsprechende Anreize den Handel zum intensiven Verkauf zu motivieren. Um die Motivation des Handels zu fördern werden z.B. Händlerschulungen durchgeführt, Preisnachlässe oder Gratiswaren gewährt sowie Display-Material bereit gestellt. Bei den verkaufspersonalisierten Zielsetzungen sollen die Motivation und die Fähigkeit bei den Außendienstmitarbeitern verbessert werden. Als Mittel zur Zielerreichung werden hier u.a. Schulungsmaßnahmen, Sonderprämien, Wettbewerbe, Boni usw. eingesetzt.[128]

Die Öffentlichkeitsarbeit („Public Relations") lässt sich von den anderen Kommunikationsinstrumenten aufgrund der Zielgruppe abgrenzen. Zu den Zielgruppen der Öffentlichkeitsarbeit gehören Personen und Institutionen der allgemeinen Öffentlichkeit, wie u.a. Lieferanten, Gewerkschaften, Stundenten, Politiker usw. Aber auch die eigenen Mitarbeiter des Unternehmens zählen dazu und sollen bei der Identifikation mit den Zielen des Unternehmens unterstützt werden. Die Öffentlichkeitsarbeit zielt darauf ab ein positives Image, Vertrauen und Verständnis für das Unternehmen bei den relevanten Zielgruppen zu erreichen. Sie ist demzufolge fast immer unternehmensbezogen und weniger produktbezogen.[129] Um die geplanten Ziele zu erreichen stehen dem Unternehmen im Rahmen der Öffentlichkeitsarbeit verschiedene

---

[127] Vgl. Scharf/Schubert (1997), S. 222f.
[128] Vgl. Lötters (1998), S. 175f.
[129] Vgl. Walsh/Klee/Kilian (2009), S. 369.

Maßnahmen zur Verfügung, wie z.B. Geschäftsberichte, Vorträge, Kundenzeitschriften, Tage der offenen Tür usw. Das wichtigste Instrument stellt jedoch die Pressekonferenz dar, da sie sowohl die PR-Funktion als auch den Werbeaspekt in sich vereint.[130]

Das zu den modernen Kommunikationsinstrumenten gehörende Sponsoring ist die Unterstützung einer Person, Personengruppe, Vereinigung, Veranstaltung oder Einrichtung im sportlichen, kulturellen oder sozialen Bereich mit Geld, Sachmitteln oder Dienstleistungen durch ein Unternehmen (Sponsor), welches im Gegenzug vertraglich vereinbarte Gegenleistungen erhält. Es lassen sich folgende Bereiche des Sponsoring unterscheiden: das Sportsponsoring, das Kultursponsoring und das Sozialsponsoring. Die derzeit am meisten verbreitete Variante ist das Sportsponsoring, bei dem in erster Linie Sportler, Mannschaften oder Veranstaltungen unterstützt werden. Als Gegenleistung wird der Name des Sponsors z.B. auf dem Trikot oder Helm aufgeführt. Bei dem Kultursponsoring werden Musikveranstaltungen, Theateraufführungen oder Museumsausstellungen unterstützt und als Gegenleistung erfolgt eine Benennung des Sponsors auf Plakaten oder Bannern. Das Sozialsponsoring liegt vor, wenn Unternehmen Gelder für die Bereiche Umwelt und Gesundheit sowie Lehre und Forschung zur Verfügung stellen. Die Hauptziele von Unternehmen für ein Sponsoring liegen vor allem darin, wirkungsstarke Kommunikationskontakte in einem angenehmen Umfeld zu den Zielgruppen aufzubauen sowie von einem positiven Imagetransfer des Gesponserten auf das Unternehmen zu profitieren.[131]

Unter Product Placement versteht man die gezielte Platzierung auserwählter Produkte oder Dienstleistungen als Requisiten in der Handlung von Fernsehsendungen, Kinofilmen oder Videoclips gegen ein Entgelt (Geldzahlung, Überlassung von Markenartikeln). Dabei handelt es sich insbesondere um Produkte des gehobenen Bedarfs (z.B. Autos) sowie Nahrungs- und Genussmittel (z.B. Zigaretten, Getränke). Das Produkt muss für den Betrachter erkennbar sein und z.B. durch einen bekannten Darsteller verwendet bzw. verbraucht werden, um eine hohe Aufmerksamkeit zu erzielen sowie einen erfolgreichen Imagetransfer zu realisieren.[132]

---

[130] Vgl. Preißner/Engel (1997), S. 203.
[131] Vgl. Preißner/Engel (1997), S. 204.
[132] Vgl. Scharf/Schubert (1997), S. 213f.

4 Marktteilnehmerverhalten und absatzpolitische Maßnahmen in der Rezession

4.1 Strategische Verhaltensweisen der Unternehmen in der Rezession

Die Unternehmen müssen sich aufgrund der Rahmenbedingungen einer Rezession am Marktgeschehen neu orientieren. Eine Einteilung der strategischen Verhaltensweisen kann durch die Kategorisierung nach der Berücksichtigung der Rezession und der Art des strategischen Verhaltens eines Unternehmens erfolgen. Hierbei lassen sich grundsätzlich vier Verhaltensmuster unterscheiden, die von den Unternehmen verfolgt werden: prozyklisches Verhalten, azyklisches Verhalten, partiell-antizyklisches und antizyklisches Verhalten (vgl. Abb. 8).[133]

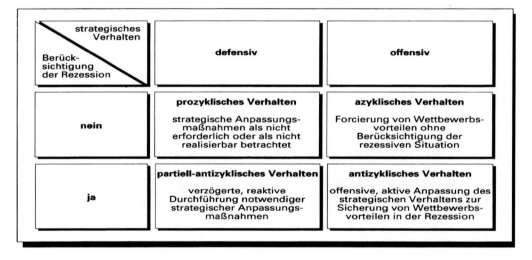

Abbildung 8   Systematisierung strategischer Verhaltensalternativen in rezessiven Märkten

Quelle: Meffert (1994b), S. 33.

Ein *prozyklisches Verhalten* liegt vor, wenn ein Unternehmen gleichgerichtet zum Verlauf der Konjunkturzyklen seine absatzwirtschaftlichen Aktivitäten gestaltet. Demzufolge werden in Zeiten der Rezession die Aktivitäten reduziert

---
[133] Vgl. Meffert (1994b), S. 33.

und während eines konjunkturellen Aufschwungs verstärkt. Bei solch einer defensiven Unternehmenspolitik halten die Unternehmen strategische Anpassungsmaßnahmen als nicht erforderlich oder aufgrund beschränkter bzw. fehlender Ressourcen als nicht realisierbar. Jenes Verhalten lässt sich in die fatalistische und adaptive Grundhaltung einteilen. Bei ersterer sehen die Unternehmen es als selbstverständlich an, dass als Folge von Absatz- und Umsatzeinbußen eine Verkleinerung des Unternehmens erfolgt. Die adaptive Grundhaltung ist insbesondere durch den Abbau von Produktions- und Personalkapazitäten, durch rückläufige Investitionen sowie drastische Budgetkürzungen (z.B. Kommunikationsetat) gekennzeichnet, weshalb die Unternehmen eine längerfristig anhaltende Markt- und Unternehmenssicherung nicht erreichen können. Das prozyklische Verhalten ist vorzugsweise nur dann anwendbar, wenn eine starke, kurzfristige Rezession besteht.[134]

Bei einem *azyklischen* Verhalten gehen die Unternehmen offensiv, ohne Berücksichtigung der Rezession, vor. Das Verhalten strebt primär die Erreichung langfristig gesetzter Ziele an, wie z.B. die Bearbeitung neuer Absatzmärkte, um sich Wettbewerbsvorteile zu verschaffen. Folglich werden die veränderten Verhaltensmuster der Konsumenten und des Handels während der Rezession stark vernachlässigt. Aufgrund dessen ist die azyklische Unternehmenspolitik nur geringfügig für den Abbau von Absatz- und Umsatzproblemen geeignet. Aus diesem Grund ist zu empfehlen, dass die Unternehmen solch ein Verhalten lediglich in einer schwachen, kurzfristigen Abschwungsphase anwenden.[135]

Wenn ein Unternehmen sich mit seinen Marketingaktivitäten bewusst am rezessionsgeprägten Marktgeschehen orientiert, verfolgt es die *partiell-antizyklische* Unternehmenspolitik. Aufgrund der defensiven Vorgehensweise passt das Unternehmen seine Maßnahmen jedoch erst ab einem bestimmten Problemdruck ohne übermäßigen „Aktionismus" und deshalb mit einer zeitlichen Verzögerung an die schwache wirtschaftliche Lage an. Dadurch besteht jedoch die Gefahr, dass die Konkurrenz ein offensiveres Verhalten verfolgt und sich durch eine vorzeitige Anpassung Wettbewerbsvorteile sichern

---

[134] Vgl. Meffert (1994b), S. 32f.
[135] Vgl. Meffert (1994b), S. 34f.

kann. Ein solches Verhalten ist besonders in einer langen, starken Rezession einsetzbar.[136]

Mit der *antizyklischen Politik* versuchen die Unternehmen in der Rezession durch eine offensive und aktive Maßnahmenanpassung möglichst schnell und direkt ihre Absatz- und Umsatzsituation zu verbessern sowie Wettbewerbsvorteile zu sichern, d.h. dass die Unternehmen ihren Kommunikationsetat bei drohendem Abatzrückgang aufstocken (gegen den Trend wirtschaften). Eine intensive Innovationsorientierung, eine hohe Imageorientierung sowie eine angemessene Kundenbindungsstrategie können die Grundlage für die Durchsetzung einer solchen Strategie bilden.[137]

Um erfolgreich aus einer leichten bis starken sowie lang anhaltenden Rezession hervorzugehen, ist es sinnvoll, dass die Unternehmen eine partiell-antizyklische oder antizyklische Verhaltenstrategie einsetzen, um sich auch in der folgenden Aufschwungphase im Wettbewerb behaupten zu können.[138]

4.2 Ist-Analyse – Marktteilnehmerverhalten in der Rezession

Während einer konjunkturellen Abschwungphase finden Veränderungen im Marktteilnehmerverhalten statt. Den Ausgangspunkt bildet das veränderte Verhaltensmuster der Konsumenten, welches u.a. durch eine gewisse Kaufzurückhaltung, eine unterschiedliche Verhaltensweise gegenüber verschiedenen Produktkategorien sowie durch eine Umstrukturierung der Ausgaben gekennzeichnet ist.[139] Auch die Marketingentscheidungen der Unternehmen werden von den gesamtwirtschaftlichen Zyklen und dem Wandel im Nachfragerverhalten beeinflusst. Dies führt zu veränderten Verhaltensweisen der Unternehmen, um sich an die neuen Bedingungen der unterschiedlichen Phasen einer Konjunktur speziell in Problemphasen, wie in diesem Fall der Rezession, anzupassen.[140] Diese rezessionsadäquate Ausgestaltung der Marketingprozesse ist notwendig, um die negativen Folgen eines konjunkturellen Abschwungs, die auf das Unternehmen wirken zu mindern bzw. zu bewältigen, vorausgesetzt die Marketingentscheider wählen die optimalen Maßnahmen, um den Weg aus der Krise zu meistern. Eine Anpassung an die

---

[136] Vgl. Meffert (1994b), S. 35.
[137] Vgl. Meffert (1994b), S. 35f.
[138] Vgl. Meffert (1994b), S. 36.
[139] Vgl. Berndt (1994), S. 117.
[140] Vgl. Becker (2006), S. 753.

veränderten Gegebenheiten ist jedoch nur dann angebracht, wenn die Anpassungskosten die Erträge (zusätzliche Umsätze oder Einsparungen) nicht übersteigen. Um dies abzuschätzen, ist es wichtig, dass die Entscheider einen Überblick über die Höhe der Anpassungskosten besitzen sowie über Informationen bezüglich der Intensität der Rezession, der Betroffenheit des Unternehmens sowie der ungefähren Dauer der Rezession verfügen. Die Anpassungsfähigkeit der Unternehmen ist allerdings abhängig von mehreren Aspekten. Demnach ist es u.a. entscheidend welcher Größenklasse das Unternehmen angehört, da kleine bis mittlere Unternehmen mehr Anpassungsflexibilität besitzen als große Unternehmen. Weiterhin ist die Branchenzugehörigkeit ein bedeutender Faktor, denn Unternehmen der Investitionsgüterindustrie besitzen, speziell im Hinblick auf produktpolitische Entscheidungen, meist eine geringere Flexibilität als Unternehmen aus der Konsumgüterbranche oder dem Dienstleistungssektor.[141]

4.2.1 Konsumentenverhalten in der Rezession

Vor dem Hintergrund der globalen Finanz- und Wirtschaftskrise finden auch in Deutschland grundlegende Veränderungen statt, jedoch sind nicht alle Haushalte gleichermaßen von den Auswirkungen betroffen, was unterschiedliche Folgen auf die Konsum- und Kaufgewohnheiten der Verbraucher hat. Aufgrund der Ergebnisse der GfK-Studie „Die Finanzkrise – Auswirkungen auf das Kaufverhalten" lassen sich vier objektiv ermittelte Verbrauchergruppen einteilen, die unterschiedlich stark von der Finanzkrise betroffen sind. Die Ergebnisse gehen aus einer Befragung von 23.760 Haushalten der GfK ConsumerPanels hervor, die im Februar/März 2009 durchgeführt wurde und repräsentativ für alle privaten deutschen Haushalte in Deutschland stehen. Demnach verteilen sich im Erhebungszeitraum die Gesamthaushalte zu 18,6% auf die krisengefährdeten Haushalte – Arbeitslose und solche, die Angst haben ihren Arbeitsplatz zu verlieren. Insbesondere die Krisengefährdeten werden dazu gezwungen ihr Kaufverhalten zu ändern. Das bedeutet, dass der Konsum einschränkt wird, verstärkt auf den Preis geachtet wird, weniger Markenprodukte gekauft werden (stattdessen Kauf von Handelsmarken) und sich für Kaufentscheidungen mehr Zeit genommen wird.

---
[141] Vgl. Berndt (1994), S. 119f.

Weiterhin erfolgt die Verteilung zu 28,7% auf die von der Krise betroffenen Haushalte – Arbeitnehmer mit einem relativ sicheren Arbeitsplatz bzw. Rentner in einer finanziell angespannten Situation, die bei ihren Einkaufspräferenzen bleiben, aber intelligenter einkaufen. Im Gegensatz dazu gibt es finanziell besser gestellte Haushalte – Arbeitnehmer, die keine Angst um ihren Arbeitsplatz haben, welche zu 23,2% von der Krise leicht betroffen und zu 29,5% krisenresistent sind. Diese Haushalte werden ihr Verhalten in Bezug auf Preis, Marke sowie Beratung nicht ändern und auch während der Krise auf Qualität und (Premium-) Marken setzen. Letztendlich ist mit 52,7% gut die Hälfte der Haushalte von der Krise kaum betroffen, während fast jeder fünfte Haushalt leiden muss. Die wirtschaftliche Lage nimmt insbesondere bei größeren Anschaffungen (z.B. Elektrogeräte) Einfluss auf die Kaufabsichten der Verbraucher. Folglich gaben 41,5% an, dafür deutlich weniger Ausgaben zu tätigen und diese auf essentielle Käufe zu reduzieren oder die Verbraucher warten mit Neukäufen die weitere wirtschaftliche Entwicklung ab. Bei den Gütern des persönlichen Bedarfs (z.B. Kleidung) ziehen es 24,8% vor die Ausgaben deutlich zu verringern. Lediglich bei Gütern des täglichen Bedarfs (z.B. Lebensmittel) wollen die Verbraucher sich nicht einschränken, weshalb nur 5,5% der Verbraucher darauf abzielen deutlich weniger auszugeben.[142] Demnach ist zu beobachten, dass Verbrauchsgüter im Gegensatz zu Gebrauchsgütern von weniger negativen Nachfrageänderungen betroffen sind, da Verbrauchsgüter (z.B. Grundnahrungsmittel) zum Grundbedarf gehören und Gebrauchsgüter aufgrund ihrer Nutzungsdauer aufschiebbar sind.[143] Abbildung 9 gibt Auskunft über die Umsatzverläufe der Bereiche Non-Food (Elektro/Textil/Hartwaren/Baumarkt-Kernsortimente) und Lebensmittelhandel vom Jahr 1999 bis 2008. Aus diesem Schaubild geht deutlich hervor, dass die Ausgaben für Non-Food seit einigen Jahren rückläufig sind, während die Ausgaben für den Lebensmittelhandel kontinuierlich steigen. Insbesondere die Erfahrung aus der Krise 2002/2003 in Deutschland hat gezeigt, dass Non-Food kräftig sinkt, während der Lebensmittelhandel einen leichten Anstieg verzeichnet.[144] In rezessiven Phasen reagieren die Konsumenten bei den Verbrauchsgütern überwiegend preisempfindlich, was zu einer vermehrten

---

[142] Vgl. o.V. GfK (2009a), S. 5f.
[143] Vgl. Becker (2006), S. 755.f.
[144] Vgl. Adlwarth (2009), S. 14.

Nachfrage nach günstigeren Angeboten führt. Bei den konjunkturempfindlicheren Gebrauchsgütern (z.B. elektrische Geräte) werden primär hoch qualitative und somit teure Produkte bevorzugt, wenn überhaupt ein Kauf erfolgt.[145] Dies ist darauf zurückzuführen, dass die Konsumenten in Zeiten der Ungewissheit nach dem Gefühl der Sicherheit streben und mit hochwertigen Produkten dem Fall eines Fehlkaufes sowie den damit verbundenen negativen finanziellen Auswirkungen entgegenwirken wollen.[146]

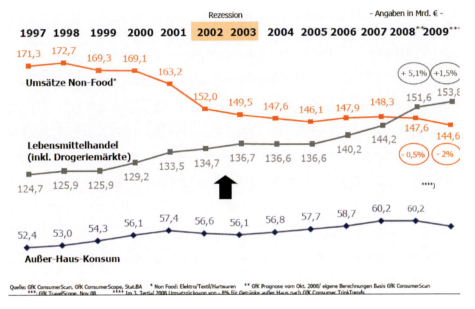

Abbildung 9   Rezession 2002/2003

Quelle: GfK (2009b), S. 10.

Eine weitere in Krisenzeiten sehr ausgeprägte Reaktion ist, dass sich die Verbraucher in den Privatbereich zurückziehen und den Fokus auf innerhäusliche Aktivitäten setzen. Fachleute bezeichnen jenes Verhalten als „Cocooning". Das heißt, dass sich der Konsument in seinen Kokon hüllt und das Zuhause zur Lebens- und Arbeitswelt wird. Somit werden wie in der Rezession 2002/2003 Aktivitäten wie z.B. der Außer-Haus-Konsum eingeschränkt (Abb. 9). Dieses Phänomen wird insbesondere die Gastronomie negativ zu spüren bekommen. Was die Verbraucher jedoch nicht außer Haus konsumieren, werden sie als Lebensmittel einkaufen, was dem Lebensmittelhandel von

---

[145] Vgl. Becker (2006), S. 755.f.
[146] Vgl. Berndt (1994), S. 117.

Nutzen ist. Neben dem Lebensmittelhandel profitieren auch die TV-Hersteller, Möbelhäuser und Schokoladenhersteller vom „Cocooning", da die Verbraucher in Produkte investieren, die den Wohlfühlfaktor zu Hause steigern und den kleinen Luxus in der Krise bieten.[147]

Die internationale Managementberatung BBDO Consulting mit Fokus auf die marktorientierte Unternehmensführung untersuchte im April 2009 mithilfe einer repräsentativen Online-Befragung 1.000 Personen ab 16 Jahren bezüglich der Auswirkungen der Krise auf ihre Wertevorstellungen und Erwartungen. Bei der Beschreibung der aktuellen Situation der deutschen Gesellschaft sind die Maximierung des Profits zu 65% und Macht zu 56% die am häufigsten genannten Attribute. Angesichts der weltweiten Wirtschaftskrise sind die Verbraucher verunsichert und haben das Vertrauen teilweise verloren und sind somit sehr misstrauisch. Demnach besteht im Gegensatz zur aktuellen Situation der Wunsch nach Glaubwürdigkeit (57%), Sicherheit (56%), Verantwortungsbewusstsein (56%), Chancengleichheit (54%) sowie Familienfreundlichkeit (53%) innerhalb der Gesellschaft. Im Rahmen der gesellschaftlichen Veränderung werden insgesamt Umwelt- und soziale Aspekte stark befürwortet, während eine auf Leistung und Besitz orientierte „Ellenbogenmentalität" in den Hintergrund tritt. Bei den gesellschaftlichen Zielen sind im Vergleich zur Messung zwei Jahre zuvor insbesondere die Gesundheit, wirtschaftliche Sicherheit, die Bereitstellung von Arbeitsplätzen und die Freizeit wichtiger geworden als z.B. die Karriere. Auch die Familie und soziale Netzwerke in die sich die Bevölkerung vermehrt zurück zieht sind von besonderer Bedeutung, da z.B. eine Partnerschaft oder Familie den Eindruck von Sicherheit vermittelt. Alles was sich außerhalb der persönlichen Einflusszone befindet, gilt als unsicher und unkontrollierbar. Auch bei den Erwartungen der Befragten an das ideale Unternehmen ist in den letzten zwei Jahren ein deutlicher Wandel erfolgt. Das Attribut „Menschlichkeit" verzeichnet mit 10 Prozentpunkten den größten Bedeutungszuwachs. Zur wichtigsten Eigenschaft eines idealen Unternehmens zählen die Deutschen in der Krise jedoch mit 95% und einem Plus von 6 Prozentpunkten die Zuverlässigkeit. Weiterhin stehen aus Kundensicht ein gutes Preis-Leistungs-Verhältnis (88%), eine hohe Produkt- und Servicequalität (87%) sowie das Eingehen auf die

---

[147] Vgl. Haslauer, Focus Money (2009)

Kundenbedürfnisse (83%) im Fokus des idealen Unternehmens. Faktoren wie die Leistungsorientierung (40%, stärkste Abnahme von 4 Prozentpunkten), die vor der Krise mehr Bedeutung hatten, spielen inzwischen eine untergeordnete Rolle. Auch die finanziellen Prioritäten haben sich in den letzten zwei Jahren verändert. Demnach haben die Ersparnisse für Notfälle (56%) mit einem Plus von 15 Prozentpunkten und die Absicherung für die Familie (35%) mit einem Plus von 11 Prozentpunkten am stärksten zugenommen. Im Gegensatz dazu sind beispielsweise größere Urlaubsreisen (12%) mit einer starken Abnahme von 8 Prozentpunkten sowie die Erfüllung von persönlichen Wünschen (23%) mit einem Minus von 7 Prozentpunkten Bereiche, in denen Sparabsichten bestehen.[148]

Letztendlich ist in Deutschland die Krise in aller Munde, aber die deutsche Bevölkerung fühlt sich von der Rezession im Vergleich zu anderen europäischen Ländern eher durchschnittlich betroffen. Dies hat zur Folge, dass gerade die Deutschen noch sehr ausgabewillig sind, auch wenn es sich größtenteils um den „kleinen Luxus" handelt, den der Verbraucher insbesondere im Lebensmittelhandel findet und seltener um große Investitionen. Dabei ist jedoch zu berücksichtigen, welcher Verbrauchergruppe jeder Einzelne angehört.[149] Dennoch beeinflussen das Zusammenspiel der Krise und ihre sozialen Auswirkungen das Konsumentenverhalten nachhaltig. Diese Entwicklung wird auch Einfluss auf die Unternehmen und ihre Kommunikationsstrategien haben. Die Unternehmen sollten deshalb auf die Veränderungen im Kaufverhalten vorbereitet sein. Somit wird das Verstehen der Kundenbedürfnisse zur Schlüsselqualifikation.[150]

---

[148] Vgl. o.V. BBDO Consulting (2009a), S. 5 f.
[149] Vgl. o.V. GfK (2009b), S. 2.
[150] Vgl. o.V. BBDO Consulting (2009a), S. 15.

Betroffenheit der Konsumgüterbereiche	
(+ leicht positiv betroffen - leicht negativ betroffen -- stärker negativ betroffen)	
Lebensmittelhandel (Güter des täglichen Bedarfs)	+
Kleidung, Bücher, Kosmetik usw. (Güter des persönlichen Bedarfs)	-
Elektrogeräte (größere Anschaffungen)	--
Süßigkeiten/Snacks (z.B. Schokolade)	+
Außer-Haus-Konsum (Gastronomie)	--
Möbel	+
Entertainment (z.B. TV-Hersteller)	+

Abbildung 10   Betroffenheit der Konsumgüterbereiche in der Krise

Quelle: eigene Darstellung

4.2.2 Unternehmensverhalten in der Rezession

Die Weltwirtschaftskrise betrifft nahezu den gesamten Markt. Es gibt kaum eine Branche, die nicht vom konjunkturellen Abschwung betroffen ist. Im Rahmen der von Dezember 2008 bis Januar 2009 durchgeführten repräsentativen und branchenübergreifenden Studie „Marketing in der Rezession" von BBDO Consulting, bei der unter 300 Marketingentscheidern die Auswirkungen der Wirtschaftskrise auf Geschäftserwartungen, Marketingaktivitäten und –budgets untersucht wurden, gaben 68% der Unternehmen an von der Krise „mehr oder weniger betroffen" zu sein. Der Anteil der Befragten, der einen gleichbleibenden Umsatz erwartet beträgt, 52,0% und 17,0% gehen von einer Verbesserung des Umsatzes aus. In Abhängigkeit der Branchenzugehörigkeit zeichnen sich jedoch Unterschiede im Bezug auf die Rezessionsbetroffenheit in den einzelnen Branchen ab. Demnach erwarten bei den Industriegütern 60,0%, bei den Konsumgütern 45,0% und in der Automobilbranche 42,5% eine Verschlechterung der Umsatzsituation in 2009. Während die Finanzdienstleistungsunternehmen mit 30,0%, Unternehmen aus dem Wirtschaftsbereich Chemie mit 26,7% sowie aus dem Gesundheitswesen mit 25,0% auf eine Verbesserung des Umsatzes setzen.[151] Die Herausforderungen, denen die Unternehmen gegenüberstehen, sind groß, besonders im Zuge der Rezession. Mit 85,7% hält die Mehrheit der Befragten den steigenden Kostendruck als zentrale Herausforderung in 2009. Die weiteren Herausforderungen entfallen zu 68,3% auf die Bedrohung der Umsatz-

---
[151] Vgl. o.V. BBDO Consulting (2009b)

/ Ertragskraft, zu 65,0% auf den Rückgang der Konjunktur und die sinkende Kaufkraft, zu 62,0% auf sinkende Margen (Trend zum Billiganbieter) und zu 59,0% auf die rückläufigen Auftragseingänge (weniger Nachfrage). Gerade jetzt ist ein erfolgreiches Wirtschaften erforderlich, um die Wettbewerbsfähigkeit zu stärken und die Zukunftsfähigkeit zu sichern. Allerdings weiß die Mehrheit der Marketingentscheider (32,7%) nicht welche konkreten Erfolgsfaktoren zu den wichtigsten im Jahr 2009 zählen, um den richtigen Weg aus der Krise zu finden. Somit herrscht eine gewisse Unsicherheit bezüglich der nächsten Schritte, die zu tätigen sind.[152] Studien aus wirtschaftlichen Krisenzeiten der Vergangenheit zeigen, dass insbesondere in solch schwierigen Zeiten Kostensenkungsmaßnahmen durchgeführt wurden, speziell beim Marketingbudget aufgrund der nicht unmittelbaren Zurechenbarkeit von Erlösen, d.h. die Unternehmen handelten prozyklisch, obwohl das Marketing gerade in wirtschaftlich schwierigen Zeiten besonders wichtig ist.[153] Abbildung 11 veranschaulicht, dass im Jahr 2001, nachdem die Internetblase platzte, ein drastischer Rückgang der Gesamtwerbeumsätze zwei Jahre nacheinander erfolgte bis es im Jahr 2003 zu einer Verbesserung der Umsätze kam.[154]

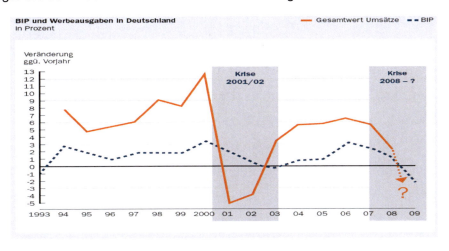

Abbildung 11   Werbeausgaben in Krisenzeiten

Quelle: Meyer/Perrey/Spillecke (2009), S. 54.

Die Entwicklung des Marketingbudgets 2009 ist jedoch überraschend. Obwohl der Kostendruck die größte Herausforderung für die Unternehmen darstellt,

---
[152] Vgl. o.V. BBDO Consulting (2009c), S. 3f.
[153] Vgl. Meffert (1994b), S. 203f.

planen 88,0% der befragten Marketingentscheider das Marketingbudget konstant zu halten (73,0%) oder sogar zu erhöhen (15,0%). Demnach haben die Unternehmen aus vergangenen Krisen gelernt, dass das prozyklische Verhalten dazu führt, dass das Marketing lediglich einen geringfügigen Einfluss nehmen kann und sich folglich das Risiko des Marktanteilsverlustes erhöht. Trotz des Ausbleibens der extremen Budgetkürzungen zwingt der steigende Kostendruck die Unternehmen dazu, den Budgeteinsatz des Marketings zu überprüfen. Aus diesem Grund planen 71,0% der Entscheider die Effizienz des Marketings zu kontrollieren und 76,7% beabsichtigen sogar Organisations- und Prozessoptimierungen durchzuführen. Diese Prüfung auf Effektivität und Effizienz des Marketings ist gerade jetzt sehr ratsam, da sich in Krisenzeiten die Verbraucherbedürfnisse verändern und sich mit einer frühzeitigen Prüfung der Kommunikationsausrichtung Effektivitätsverluste vermindern lassen. Die am häufigsten geplante Maßnahme 2009 ist jedoch mit 86,7% die Verbesserung der Kundenbeziehung. In diesen Bereich wird auch von der Mehrheit der Befragten geplant die Investitionen zu erhöhen. Dabei haben 39,3% der Entscheider Investitionserhöhungen im Vertrieb, 38,7% im Kundenbindungsmanagement (CRM) sowie 30,3% in der Kommunikation vorgesehen. Die kundennahen Bereiche werden auch bei den kurzfristigen Maßnahmen 2009 aus Sicht der Befragten als relevant angesehen. Die Aktivitäten mit einer zeitnahen Wirkung verteilen sich zu 46,0% auf die Verbesserung des Kundendialogs, zu 41,0% auf verstärkte Vertriebsaktivitäten sowie zu 36,3% auf die Neukundengewinnung und gehören somit zu den bedeutendsten kurzfristigen Maßnahmen, die für 2009 geplant sind. Die Orientierung am Kunden ist demnach ein sehr wichtiger Trend, der sich auch in der Wahl der Werbeform widerspiegelt.[155] Die Befragten planen die Werbeausgaben 2009 hauptsächlich im Bereich der interaktiven Kommunikation zu erhöhen, da der Kunde hier u.a. die eigene Kontrolle übernehmen kann, was in wirtschaftlich schwierigen Zeiten wichtig ist, da der Konsument somit nicht mit komplexen und ungewohnten Situationen konfrontiert wird, die er nicht einschätzen kann und die ihm keine Sicherheit bieten.[156] Dazu gehören u.a. Web 2.0 – Aktivitäten (39,3%), der Online –

---

[154] Vgl. Meyer/Perrey/Spillecke (2009), S. 53.
[155] Vgl. o.V. BBDO Consulting (2009c), S. 5f.
[156] Vgl. Walsh/Klee/Kilian (2009), S. 375.

Verkauf (36,7%), Internet / Online – Werbung (34,3%), Direktmarketing (32,4%) sowie der persönliche Verkauf (33,2%), was sich jedoch negativ auf die Ausgaben der klassischen Werbung, wie Radio und Fernsehen auswirkt. Einen weiteren Weg aus der Krise sehen die Marketingentscheider in der Entwicklung neuer Innovationen. Somit beabsichtigen 62,0% sich mit diesem Maßnahmenbereich zu beschäftigen und 30,0% wollen sogar die Investitionen für die Entwicklung neuer Produkte erhöhen. In Zeiten einer schwachen Wirtschaftslage, die speziell von Wettbewerbs- und Kostendruck geprägt ist, sind aufgrund der veränderten Ansprüche der Konsumenten insbesondere bedarfsinduzierte Innovationen, die als echte Problemlösungen dienen, von besonderer Wichtigkeit, um am Markt erfolgreich bestehen zu können.[157] Die geplanten Innovationstätigkeiten befinden sich trotz der Krise auf einem relativ hohen Niveau. Folglich ist dies ein Indiz dafür, dass die innovativen, deutschen Unternehmen von der aktuellen Wirtschaftskrise Gebrauch machen und ihre Position im Wettbewerb mittel- bis langfristig beibehalten bzw. erweitern können. Ist ein Unternehmen damit erfolgreicher als die Wettbewerber kann es sich sogar Wettbewerbsvorteile sichern.[158]

Anhand der Studienergebnisse wird deutlich, dass die Marketingentscheider aus vergangenen Krisen gelernt haben und die Mehrheit der Befragten keine Reduktion des Marketingbudgets 2009 vorsieht. Dafür sind die Überprüfung der Effektivität und Effizienz des Marketings, der Ausbau der Kundennähe sowie die Neuproduktentwicklung als Handlungsfelder und Wege aus der Krise identifiziert worden, die in der Zukunft gezielt umgesetzt werden müssen. Im Bezug auf genaue Erfolgsfaktoren in der Krise herrscht noch Unsicherheit, aber die Unternehmen sind intensiv mit der Erarbeitung erfolgreicher Krisenstrategien beschäftigt.[159]

Anknüpfend an die Studie „Marketing in der Rezession", die im Januar veröffentlicht wurde, führte BBDO Consulting eine weitere Studie: „Marketing – Erwartungen für das Wirtschaftsjahr 2010" mit über 300 Marketingentscheidern durch, die im September 2009 abgeschlossen wurde. Die Entscheider wurden per Telefoninterview zu ihren Geschäftserwartungen, Marketingaktivitäten und – budgets in 2010 befragt. Im Vergleich zur Erhebung im Januar erwartet mit

---

[157] Vgl. Heidenreich/ Liecke,/ Treier, (2009), S. 3ff.
[158] Vgl. Heidenreich/ Liecke,/ Treier, (2008), S. 2.
[159] Vgl. o.V. BBDO Consulting (2009c), S. 6ff.

einem Plus von 8 Prozentpunkten genau ein Viertel der Befragten eine verbesserte Umsatzsituation, 46,0% (Minus von 6 Prozentpunkten) rechnen mit einem gleichbleibenden Umsatz, lediglich 28,0% (Minus von 4 Prozentpunkten) gehen davon aus, dass sich der Umsatz in 2010 verschlechtern wird. In Bezug auf die Umsatzerwartungen gibt es innerhalb der einzelnen Branchen Unterschiede zu verzeichnen. Als besonders zuversichtlich sticht, trotz eingestellter Abwrackprämie, die Automobilbranche hervor. Hier erwarten 40,0% der Befragten im Jahr 2010 bessere Umsätze. Der Handel widerspricht jedoch dem Trend: 46,7% der Befragten gehen von sinkenden Umsätzen aus, im Chemiesektor sind es 37,5%. Die Marketingentscheider (82,5%) sehen auch für das Jahr 2010 im steigenden Kostendruck die zentrale Herausforderung. Weitere Herausforderungen sind u.a. sinkende Margen/Trend zu Billiganbietern (64,2%) sowie steigende Energie- und Rohstoffpreise (62,6%). Dennoch wollen 68,0% (Minus von 5 Prozentpunkten) die Höhe ihres Marketingbudgets beibehalten, 23,0% (Plus von 8 Prozentpunkten) wollen es sogar erhöhen. Die herrschende Unsicherheit im Januar 2009 bezüglich der wichtigsten Erfolgsfaktoren ist dem konkreten Ziel der Kundenbindung (26,0%) für 2010 gewichen. Branchenübergreifend relevant ist bei insgesamt 79,8% die Verbesserung der Kundenbeziehung. Kurz- und mittelfristig wird dabei auf einen intensiven Kundendialog (94,7%) sowie die Verstärkung der Vertriebsaktivitäten (82,1%) gesetzt. Investitionen sollen im Jahr 2010 vor allem in den kundennahen Bereichen Kundenbindungsmanagement (CRM) (46,0%) und Vertrieb (46,0%) erhöht werden. Die Unternehmen setzen demnach verstärkt auf Kundenbindung statt auf Neukundengewinnung. Im Gegensatz dazu wollen 18,5% der Befragten die Investitionen in die Marke zurückfahren, was mit einem hohen Risiko verbunden sein kann, da die Marke eine große Bedeutung für den Unternehmenswert hat.[160]

Die Studienergebnisse zeigen, dass fast die Hälfte der Marketingentscheider mit gleichbleibenden, ein Viertel sogar mit steigenden Umsätzen rechnet. Die Marketingbudgets profitieren überwiegend von den positiven Umsatzerwartungen: 91,0% planen für 2010 mindestens ein gleichbleibendes Budget. Der zentrale Erfolgsfaktor 2010 ist die aktive Kundenbindung. Die Markenführung wird hingegen deutlich vernachlässigt, was durch die Reduktion

---

[160] Vgl. o.V. BBDO Consulting (2009d), S. 2f.

der Investitionen in die Marke deutlich wird. Der steigende Kostendruck bleibt auch in 2010 die größte Herausforderung, gefolgt von geringeren Margen, was weiterhin mehr Marketingeffizienz erfordert. Die besseren Umsatzerwartungen und die Budgetsteigerungen zeigen jedoch, dass die Unternehmen sich weg vom prozyklischen hin zum antizyklischen Verhalten bewegen und somit den richtigen Weg in der Krise wählen.[161] Die Verhaltenweise der Unternehmen hängt nach Meinung der Konsumforscher letztendlich von drei maßgeblichen Parametern ab: erstens, von dem Markt, auf dem ein Unternehmen tätig ist und die Krisenbetroffenheit dieses Marktes, zweitens, welche Stellung das Unternehmen hat und drittens, ob die Zielgruppe zu den krisengefährdeten gehört oder nicht.[162]

4.3 Soll-Konzept – Absatzpolitische Maßnahmen in rezessiven Märkten

In rezessiven Phasen ist es besonders wichtig, dass die Unternehmen bewusst rezessionsorientiert handeln und das Marketinginstrumentarium dementsprechend einsetzen, um das Fortbestehen des Unternehmens zu sichern. Marketing ist in Zeiten des Abschwungs ein wichtiges Steuerungsinstrument, das Unternehmen hilft, gestärkt aus der Krise hervorzugehen. Es gilt nämlich nicht nur eine Konjunkturflaute möglichst gut zu überstehen, sondern auch im darauf folgenden wirtschaftlichen Aufschwung noch gut dazustehen. Die Betrachtung des Unternehmensverhaltens hat gezeigt, dass die Unternehmen aus vorherigen Krisen gelernt haben und teilweise antizyklisch handeln. Innerhalb der Instrumentalbereiche: Produkt-, Preis-, Distributions- und Kommunikationspolitik gibt es jedoch weitere Handlungsalternativen bzw. -empfehlungen für die Gestaltung des strategischen und operativen Marketings in der Rezession.[163]

4.3.1 Anpassung der Produktpolitik

Im Bereich der Produktpolitik stehen dem Unternehmen, wie bereits in Kapitel 3 beschrieben, die Produktinnovation, die Produktvariation, die Produktdifferenzierung sowie die Eliminierung von Produkten als

---
[161] Vgl. o.V. BBDO Consulting (2009d), S. 14.
[162] Vgl. o.V. Handelsblatt (2009a).
[163] Vgl. Berndt (1994), S. 121.

Handlungsmöglichkeiten zur Verfügung.[164] Anhand der Studien wird deutlich, dass die Marketingentscheider u.a. die Neuproduktentwicklung als zentrales produktpolitisches Handlungsfeld in Betracht gezogen haben und somit eine antizyklische Innovationsorientierung verfolgen, um sich langfristige Wettbewerbsvorteile zu sichern und das Nachfragerverhalten zu beleben.[165] Mit dieser produktpolitischen Maßnahme ist es den Unternehmen am ehesten möglich sich optimal an die rezessionsbedingten Veränderungen der Konsumentenbedürfnisse anzupassen. Auf der anderen Seite sind Produktinnovationen mit einem hohen Zeit- und Kostenaufwand verbunden, was in der Rezession besonders ausgeprägt ist. Ein weiteres Problem, welches die Marktdurchsetzung von Produktneuheiten in der Rezession erschwert, ist das erhöhte Floprisiko, das sich insbesondere aus dem empfindlichen Kaufverhalten der Nachfrager und dem starken Wettbewerbsdruck zusammensetzt.[166] Aus diesem Grund müssen die Unternehmen in der Lage sein, den Wert ihres Produktes klar hervorzubringen, um es auch in Krisenzeiten gut zu verkaufen. Im Jahr 2001 führte Procter & Gamble das neue Zahnbleichmittel Crest Whitestripes® auf den Markt ein, welches mit 48 US-Dollar ungefähr achtmal teurer war als die anderen Crest-Produkte. Da die Whitestripes jedoch günstiger waren als ein Bleaching (dt. Zahnaufhellung) beim Zahnarzt, führte das Produkt zum Erfolg und das Unternehmen Procter & Gamble erzielte mit dieser Produktinnovation ein Umsatzplus von 200 Millionen Dollar. Auch Schwarzkopf® sah im Krisenfrühjahr 2009 die Chance, welche sich während einer Boom-Phase in der Form nicht geboten hätte und brachte die bis dato lediglich in japanischen Friseursalons vertriebene Haarpflegemarke Syoss® in den deutschen Einzelhandel mit dem Versprechen, dem Kunden eine professionelle Haarpflege zu bieten, die er sich leisten kann. Zu den weiteren Anbietern, welche in Zeiten der Krise Investitionen in die Einführung neuer Produkte tätigten und damit sehr erfolgreich waren, zählen u.a. Kraft mit Miracel Whip® (in den 1930er Jahren) sowie Apple® mit dem iPod (42 Tage nach dem 11. September).[167] Für die Einführung neuer Produkte in der Rezessionsphase bieten sich insbesondere Zweit- oder Drittmarken oder auch Handelsmarken an, um die hochpreisige Erstmarke von aggressiven Preissenkungsaktionen

---

[164] Vgl. Berndt (1992), S. 24ff.
[165] Vgl. Meffert (1994a), S. 259.
[166] Vgl. Berndt (1994), S. 122.
[167] Vgl. Böhner/Dellago/Gerszke/Tochtermann (2009), S. 13f.

fernzuhalten. Somit kann es einem Unternehmen trotz unvermeidlicher Absatzrückgänge der Erstmarke gelingen, durch eine überproportionale Absatzsteigerung der grundnutzenorientierten Zweit- oder Handelsmarke den Absatz und eventuell den Umsatz zu stabilisieren oder sogar zu steigern.[168] Um das bestehende Produktkonzept an die Marktverhältnisse in der Rezession anzupassen und den hohen Kosten- und Zeitaufwand einer Produktinnovation zu vermeiden, stehen einem Unternehmen die Produktvariation und – differenzierung als Maßnahmen zur Verfügung. Im Rahmen der Produktvariation liegt das Ziel darin, einem bereits auf den Markt bewährtem Produkt zu einem besseren Preis-Leistungsverhältnis zu verhelfen sowie die Senkung des Preisdrucks zu unterstützen. Zu den typischen Maßnahmen gehören u.a. objektive Produktverbesserungen, wie der reduzierte Energieverbrauch bei Haushaltsgeräten, ein erhöhter Fruchtanteil bei Fruchtsäften oder eine größere Produktmenge pro Produkteinheit. Die Variation muss jedoch zu einer Steigerung des subjektiv oder objektiv wahrgenommenen Produktnutzens führen. Mit der Produktdifferenzierung als produktpolitische Maßnahme in rezessiven Märkten lassen sich zusätzliche Qualitäts- und Preissegmente besetzen, wodurch die Unternehmen an den überproportionalen Mengenzuwächsen in den unteren Preis- und Qualitätssegmenten der Märkte teilhaben können ohne ihre Kunden an die Konkurrenz zu verlieren. Rezessive Phasen bieten sich insbesondere für eine umfassende Überprüfung des gesamten Produktprogramms in Bezug auf unrentable, eliminierungsverdächtige Produkte an, woraus sich Einsparungspotentiale ergeben können. Um negative Auswirkungen der Produktelimination auf das Gesamtergebnis einer Unternehmung zu vermeiden, muss jedoch speziell auf mögliche Verbundeffekte zwischen den Produkten geachtet werden. Eine aktive Eliminierung von Produkten sollte jedoch auch in anderen Konjunkturphasen kontinuierlich erfolgen.[169]

Letztendlich stellt die Produktinnovation trotz des hohen Kosten- und Zeitaufwands die entscheidende produktpolitische Chance in rezessiven Zeiten dar, mit der sich auch nach der Krise eine bessere Marktposition erreichen

---
[168] Vgl. Becker (2006), S. 762.
[169] Vgl. Berndt (1994), S. 122ff.

lässt. Demnach sollten Produktinnovationen nicht verschoben, sondern dann eingeführt werden, wenn der Wettbewerb sich zurückhält.[170]

4.3.2 Anpassung der Preispolitik

Der Preispolitik kommt in Zeiten wirtschaftlicher Rezession eine besondere Bedeutung zu. Es handelt sich hierbei um ein Marketinginstrument, welches aufgrund seiner charakteristischen Eigenschaften in der Lage ist die Auswirkungen des konjunkturellen Abschwungs zu beschränken. Zu den Besonderheiten zählen die kurzfristige Realisierung der preispolitischen Maßnahmen, der geringere Aufwand im Bezug auf die Durchführung und das Auslösen einer schnellen Reaktion bei den Kunden mit einer ausgeprägten Preisorientierung. Demnach versuchen insbesondere rezessionsbetroffene Unternehmen mit Preissenkungen das Konsumentenverhalten über einen Anreiz von außen, nämlich einem günstigeren Preis, zu beeinflussen und so zu einem Kauf anzuregen, was zu einem kurzfristigen Ausgleich von Umsatzverlusten sowie zu einem Preisvorteil gegenüber dem Wettbewerb führen kann. In der Rezession sind die preispolitischen Ziele der Unternehmen vor allem auf den Erhalt der Marktanteile gerichtet und weniger auf den Ausbau, um sich in erster Linie gegenüber dem Wettbewerb zu behaupten. Seitens der Kunden wird deren Konsum- und Entscheidungsverhalten von vielfältigen Motiven bestimmt. Dazu zählen beispielsweise die Unsicherheit über die zukünftige finanzielle Situation und der Kaufkraftverlust. Um den bisherigen Lebensstandard beizubehalten, treffen die Konsumenten ihre Kaufentscheidungen zielgerichteter und preisbewusster als in wirtschaftlich besseren Zeiten.[171] Aufgrund des Bedürfnisses nach Sicherheit bei den Verbrauchern rückt insbesondere der Zusammenhang zwischen Preis und Qualität in den Vordergrund. Preissenkungen sind zwar für viele Unternehmen in Krisenzeiten verlockend, können aber negative Folgen hervorrufen. Denn der Preis signalisiert immer auch eine gewisse Wertigkeit des Produktes. Sinkt nun der Preis, verändert sich auch der wahrgenommene Produktwert. Weiterhin führen solche Reduzierungen überwiegend dazu, dass sich der Konsument an dieses Preisniveau gewöhnt und somit oftmals nicht bereit ist Erhöhungen zu

---

[170] Vgl. o.V. Handelsblatt (2009a)
[171] Vgl. Meffert (1994b), S. 116ff.

akzeptieren, wenn die Rezession überwunden ist, was zu starken Absatzrückgängen sowie Kundenabwanderungen führen kann.[172] Es ist jedoch zu beachten, dass der Verzicht auf Preissenkungen ebenfalls zu Kundenverlusten führen kann, da aufgrund der schlechteren finanziellen Situation der Kauf des präferierten Produktes nicht mehr möglich ist. Demnach müssen die Kunden für einen bestimmten Zeitraum auf billigere Produkte umsteigen, was dazu führen kann, dass der Kunde bei vorhandener Zufriedenheit langfristig auf den preisgünstigeren Anbieter umsteigt. Wenn ein Unternehmen eine Senkung der Preise durchführt, sollte insbesondere darauf geachtet werden, dass ein erkennbarer Abstand zu preisgünstigeren Produkten besteht und sich die Preisreduzierung nur auf einen begrenzten Zeitraum bezieht, um der Gefahr auszuweichen, dass sich der Konsument sich an das Preisniveau gewöhnt.[173] Wie bereits im Punkt 4.3.2 erwähnt, bietet es sich an die Mutlimarkenpolitik zu verfolgen. Das bedeutet, neben der Erstmarke auch Zweit- oder Drittmarken oder auch Handelsmarken anzubieten, welche das untere Preis-Qualitätssegment abdecken und somit die Erstmarke vor Preisreduzierungen schützen.[174] Um dem drohenden Imageverlust in Folge einer Preissenkung zu entgehen, besteht die Möglichkeit der Preisbündelung. Dabei werden mehrere Produkt- und Serviceleistungen zusammengefügt und zu einem Preis angeboten, welcher unter der Summe der Einzelpreise liegt, z.B. Versicherungspakete. Da sich der Angebotspreis auf das Produktbündel bezieht, besteht der Vorteil dieser Maßnahme darin, dass der Kunde keinen Referenzpreis für die einzelnen Leistungen erzeugen kann und sich die Preisbereitschaft der Konsumenten somit besser ausnutzen lässt. Eine weitere Option stellt der Preisbaukasten dar. Hierbei werden Leistungspakete preislich entbündelt, deren Komponenten zuvor fest miteinander verbunden waren. Ein Preisbaukasten umfasst hauptsächlich komplementäre, preislich getrennt ausgewiesene Teilleistungen z.B. Computer und Monitor, die zu einem Komplettpaket zusammengefügt werden. Aber auch substitutive Teilleistungen z.B. unterschiedliche Monitore können einen Preisbaukasten bilden. Die zentralen Vorteile dieser Methode bestehen zum einen im verstärkten Qualitäts-

---

[172] Vgl. Berndt (1994), S.125.
[173] Vgl. Meffert (1994b), S. 121f.
[174] Vgl. Berndt (1994), S. 125.

und Leistungsbewusstsein bei den Kunden und zum anderen in der erhöhten Preisbereitschaft.[175]

Auch innerhalb der Konditionenpolitik bieten sich geeignete Instrumente an, um die Nachfrage der Konsumenten in rezessiven Phasen zu stimulieren. Insbesondere durch eine rezessionsadäquate Ausgestaltung der Absatzkreditpolitik kann den starken Absatzrückgängen entgegengewirkt und den Konsumenten durch die Einführung von Absatzkrediten Kaufkraft zur Verfügung gestellt werden. Zu beachten ist hierbei jedoch der sinkende Liquiditätsgrad der Unternehmen.[176] Da die allgemeine Kaufbereitschaft der Konsumenten sinkt und die Käufe teilweise in die Zukunft verschoben werden, kann diesem Verhalten mit Ratenzahlung entgegengewirkt werden. Durch die Gewährung niedriger Raten erhalten die Konsumenten das gute Gefühl in wirtschaftlich schwierigen Zeiten bestimmte Produkte erwerben zu können, wodurch die Kaufbereitschaft erhöht wird. Auch die Rabattpolitik gehört trotz der ähnlichen Wirkungen wie bei einer Preissenkung zu den Instrumenten, die in wirtschaftlich schlechten Zeiten berücksichtigt werden. Jedoch eignet sich die Rabattgewährung primär in kurzen konjunkturellen Abschwungphasen. Der Einsatz von Rabatten führt gegenüber Preissenkungen zu geringeren Qualitätszweifeln, da Rabatte auf den offiziellen Preis angewendet werden, der dadurch nicht verändert wird.[177] Rabattaktionen lassen sich z.B. bei der Einführung neuer Produkte und Verpackungsgrößen oder zu Firmenjubiläen gut einsetzen, wodurch kurzfristig eine Umsatzsteigerung erreicht werden kann.[178]

Speziell in rezessiven Märkten sollten die Unternehmen die Methode der Preissenkung mit Bedacht und Vorsicht einsetzen, um sich Vorteile gegenüber dem Wettbewerb zu verschaffen. Denn falsch angewendet führen die Senkungen zu Absatzeinbußen und zu langfristigen Imageverlusten. Im Allgemeinen ist es ratsam, dass die Unternehmen sich von jeglichen Maßnahmen fern halten, die einen Preiskampf bei der Konkurrenz auslösen könnten. Sind die Preissenkungen jedoch unumgänglich, sollte darauf geachtet werden, dass diese angemessen und mit einer zeitlichen Begrenzung durchgeführt werden. Um diese risikoreiche Maßnahme zu vermeiden, bietet es

---

[175] Vgl. Meffert (1994b), S. 122ff.
[176] Vgl. Berndt (1994), S. 127.
[177] Vgl. ebenda
[178] Vgl. Böhner/Dellago/Gerszke/Tochtermann (2009), S. 14.

sich an Preisbündel oder auch Preisbaukästen bereitzustellen, damit die Kaufkraft bei den Verbrauchern wieder belebt wird. Weiterhin sollten Zweit- oder Drittmarken eingeführt werden, um die Erstmarke keiner Gefahr auszusetzen.[179] Neben der preislichen Gestaltung sollten auch die konditionspolitischen Maßnahmen, wie die Absatzkreditpolitik oder die Rabattpolitik berücksichtigt werden, da durch deren kontrollierten Einsatz u.a. dem Kaufkraftverlust sowie der Kaufbereitschaft entgegengewirkt werden kann, ohne dass die Unternehmung durch deren Anwendung mit größeren Risiken konfrontiert wird.

4.3.3 Anpassung der Distributionspolitik

Die Distributionspolitik unterliegt generell einer langfristigen Festlegung, weshalb es in Rezessionsphasen nicht möglich ist Entscheidungen über eine Erneuerung der Distributionspolitik zu fällen. Demnach lassen sich lediglich die Bedingungen für den Einsatz der Distributionsstrategie verbessern.[180] Das veränderte Unternehmensverhalten bezieht sich primär auf das Absatzsystem und die Absatzlogistik.[181] Im Rahmen des Absatzsystems bildet zum einen der Teilbereich Akquisition und Betreuung von Absatzmittlern einen distributionspolitischen Maßnahmenschwerpunkt in der Rezession. Da sich das Konsumentenverhalten, wie z.B. die rückläufige Konsumneigung, in Form von sinkenden Abverkäufen auf den Handel auswirkt, kann dieser mit reduzierten Einkäufen und Lagerbeständen sowie einer Bereinigung bzw. Anpassung des Sortiments darauf reagieren. Ein Großteil der Handelsbetriebe wird auch die Maßnahme ergreifen, die Anzahl der Lieferantenbeziehungen zu reduzieren, um u.a. bessere Einkaufskonditionen zu realisieren. Für Hersteller, die dem Handel mit ihren Produkten dienen, entstehen durch diese Anpassungsmaßnahmen hohe Risiken, denen mit einem entsprechenden Unternehmensverhalten entgegengewirkt werden muss. Hierbei können die direkten Unterstützungsleistungen wie die Regalpflege oder Schulungen für das Händlerpersonal eingesetzt werden, um die Beziehung zwischen Hersteller und Handel zu verbessern. Dadurch können die negativen Auswirkungen, die in Folge der Reaktionen des Handels entstehen, abgeschwächt werden. Die

---

[179] Vgl. Meffert (1994b), S. 126f.
[180] Vgl. Berndt (1994), S. 130.
[181] Vgl. Meffert (1994a), S. 260.

indirekte Maßnahme, die zu einer verbesserten Beziehung zwischen beiden Parteien führen kann, besteht in einer verbesserten Abstimmung der Feldorganisation mit dem Key-Account-Management.[182] Im Endeffekt dürfen die Unternehmen mit dem Handel nicht in Konfrontation stehen. Im Gegensatz dazu müssen sie kooperieren, um gemeinsam Wachstum zu schaffen.[183] Zum anderen ist der Teilbereich Betreuung der eigenen Außendienstmitarbeiter ein Ansatzpunkt für eine rezessionsadäquate Maßnahmengestaltung innerhalb des Absatzsystems. Hierbei kann eine Leistungssteigerung der Außendienstmitarbeiter z.B. durch stärkere Anreize (Prämien, Provisionen), durch eine Veränderung der Zuständigkeit in der Kundenbetreuung (Übergabe der C-Kunden an den Innendienst, da der Vertrieb auch telefonisch erfolgen kann) oder durch eine verbesserte Außendienstausstattung (Laptop, Mobiltelefon) erzielt werden. Im Rahmen der Absatzlogistik befinden sich die zentralen Entscheidungen in einem Spannungsfeld zwischen der verstärkten Dezentralisation durch das sog. Outsourcing einerseits (d.h. die Verlagerung von unternehmensinternen Funktionen z.B. die Lagerhaltung an externe Aufgabenträger, um insbesondere in der Rezession Kosten zu sparen) und andererseits der erhöhten Zentralisation durch die Integration logistischer Teilfunktionen, um diese möglichst effizient zu gestalten. Die Maßnahmen der Absatzlogistik sind jedoch nur dann wirksam, wenn diese relativ früh eingeleitet werden und eignen sich somit nicht wie die Instrumente des Absatzsystems zur kurzfristigen Anpassung an die Rezession.[184]

4.3.4 Anpassung der Kommunikationspolitik

Auch die Prozesse innerhalb der Kommunikationspolitik werden durch die unsichere wirtschaftliche Situation beeinflusst und somit auf den Prüfstand gestellt.[185] Aufgrund der Entwicklung der Kommunikationspolitik in den letzten Jahren steht den Unternehmen heutzutage eine breite Palette an Instrumenten für die Marketingkommunikation zur Verfügung. Diese lassen sich konkret danach einteilen, ob sie kurzfristig oder langfristig einsetzbar oder variierbar sind. Demnach gewinnt insbesondere die kurzfristig variierbare Absatzwerbung

---

[182] Vgl. Meffert (1994b), S. 171ff.
[183] Vgl. Böhner/Dellago/Gerszke/Tochtermann (2009), S. 16.
[184] Vgl. Meffert (1994b), S. 169ff.
[185] Vgl. Meffert (1994b), S. 139.

in rezessiven Phasen an Bedeutung, während Kommunikationsmaßnahmen wie das Sponsoring aufgrund der langfristigen Planung unrelevant sind. Im Kommunikationsbereich wird jedoch häufig das Budget gekürzt, obwohl insbesondere in der Rezession ein antizyklisches Verhalten der Unternehmen erforderlich ist, welches sich im gleichbleibenden oder erhöhten Kommunikationsbudget bemerkbar macht.[186] Anhand der Studien hat sich gezeigt, dass die Unternehmen in der gegenwärtigen Rezession größtenteils ein antizyklisches Verhalten im Bezug auf das Werbebudget besitzen und dies zumindest auf einem gleichbleibenden Niveau halten. Dadurch können die Unternehmen eine überproportionale Aufmerksamkeit erzielen sowie Marktanteile erhalten bzw. gewinnen. Die drastischen Kürzungen der Werbebudgets bei den Unternehmen haben den Effekt, dass zum einen die Werbedichte abnimmt und zum anderen der Druck auf die Mediendienstleister zunimmt und somit die Werbepreise fallen.[187] Weiterhin erhöht sich aufgrund des Sparverhaltens der Wettbewerber der Share of Voice (Anteil der Konsumentenkontakte) bei den verbliebenen Unternehmen.[188] Auch Coca Cola investierte gegen den Trend und erhöhte 2008 das globale Marketingbudget um mehr als 350 Millionen Dollar und gewinnt dadurch Marktanteile und steigert den Umsatz mitten in der Krise.[189] Neben der klassischen Werbung, die aus Sicht der Unternehmen in der aktuellen Krise an Bedeutung verloren hat, sollten die Unternehmen verstärkte Verkaufsförderungsmaßnahmen durchführen, um die Zielgruppe direkt anzusprechen, mehr Nähe zum Kunden zu erhalten und um die Produktqualität durch eine produktbezogene Aufmerksamkeit zu steigern. Ziel ist es die Kunden zu Impuls- und Zusatzkäufen anzuregen. Der Nachteil dieses Instruments liegt darin, dass es selten zu Wiederholungskäufen kommen wird, da die Wirkung der Verkaufsförderung sich lediglich auf den Aktionszeitraum bezieht und danach abgeschwächt wird. Eine weitere Empfehlung für die Unternehmen besteht darin, die Investitionen in das Direktmarketing sowie den persönlichen Kauf zu erhöhen. Durch diese

---

[186] Vgl. Berndt (1994), S. 127f.
[187] Vgl. Böhner/Dellago/Gerszke/Tochtermann (2009), S. 14.
[188] Vgl. Meyer/Perrey/Spillecke (2009), S. 53f.
[189] Vgl. Böhner/Dellago/Gerszke/Tochtermann (2009), S. 10.

kommunikationspolitischen Maßnahmen können die Kunden individuell und direkt angesprochen werden, wodurch eine sofortige Reaktion beim Konsumenten veranlasst werden kann. Aufgrund des aktiven Dialogs mit den Konsumenten besteht die Möglichkeit, dass die Unternehmen ihre Leistung an die Bedürfnisse der Kunden anpassen, was gerade in wirtschaftlich schlechten Zeiten besonders wichtig ist. Diese kundennahen Maßnahmen werden auch aktuell von den Unternehmen primär angestrebt, um näher an den Kunden zu rücken und die Beziehung zu ihnen merklich zu verbessern. Eine zunehmende Bedeutung erlangen auch das Event – Marketing sowie das Online – Marketing. Beim Event – Marketing werden die Kunden in einem angenehmen Umfeld ohne Zwang mit dem präsentierten Produkt zusammengeführt, wodurch sich ein direkter Kundenkontakt ergibt.[190] Die Online – Werbung entwickelt sich zu einem der bedeutendsten Kommunikationsinstrumente und erhält auch in der aktuellen Rezession eine zunehmende Beachtung seitens der Unternehmen. Diese Maßnahme weist vor allem eine hohe Effektivität und Effizienz der Kommunikation gegenüber den klassischen Werbemaßnahmen auf. Der Empfänger besitzt hierbei eine höhere Konzentration und Aufmerksamkeit, eine höhere wahrgenommene Eigenkontrolle als bei der „aufgezwungenen" Werbung im TV und die Inhalte können individuell nach Art und Umfang an den Empfänger angepasst werden.[191] In Krisenzeiten ist insbesondere darauf zu achten, dass eine zeitliche Integration d.h. Abstimmung der einzelnen Kommunikationsinstrumente statt findet, um Synergieeffekte zu erzielen und die Effizienz in der Kommunikation zu steigern. Auch die Nachkaufwerbung sollte insbesondere in Krisenzeiten nicht außer Acht gelassen werden, um eventuelle kognitive Dissonanzen abzubauen und um dem Kunden das Gefühl nach Sicherheit zu vermitteln, was einen positiven Einfluss auf den Wiederkauf hat.[192] Die Werbeinhalte sollten in rezessiven Phasen ebenfalls angepasst werden. Dabei muss auf eine Übereinstimmung der Botschaft mit den für die Konsumenten wichtigen Werten geachtet werden, um die Effektivität der Kommunikation zu beeinflussen. Besonders in der Rezession müssen die Werbeinhalte rational und informierend sein, um einen Kauf begründbar zu machen. Die sachbezogenen Informationen sollten somit gegenüber

---

[190] Vgl. Meffert (1994b), S. 150ff.
[191] Vgl. Walsh/Klee/Kilian (2009), S. 374f.
[192] Vgl. Berndt (1994), S. 129.

emotionalen Informationen stärker in den Vordergrund gestellt werden. Dadurch wird deutlich, dass auch die Anpassung der Werbeinhalte eine bedeutende Maßnahme darstellt, um das Produkt aus der Masse hervorzuheben.[193]

Die Kommunikationsmaßnahmen in rezessiven Zeiten können je nach Unternehmenssituation unterschiedlich ausgeprägt sein. Wichtig ist insbesondere die Integration der einzelnen Instrumente, um Synergieeffekte nutzen zu können.[194] Speziell der persönliche Verkauf und das Direktmarketing gehören zu den Kommunikationsmaßnahmen, deren Bedeutung in der Rezession stark zunimmt, da sich ein aktiver Kundendialog realisieren lässt, wodurch die Möglichkeit gegeben ist, das Leistungsangebot an die Kundenbedürfnisse anzupassen.[195] Eine weitere Maßnahme, die von den Unternehmen zunehmend in Betracht gezogen werden sollte ist die Online – Werbung. Diese führt den Kunden in keine „Zwangssituation" und ermöglicht ihm somit eine gewisse Eigenkontrolle.[196] Um eine aktive Anpassung der Marketingkommunikation vorzunehmen, müssen die Unternehmen jedoch Budgetkürzungen vermeiden. Denn nur wer verstärkt für seine Marke wirbt, wenn der Wettbewerb sich zurückhält, kann den Marktanteil in der Rezession steigern.[197]

---

[193] Vgl. Meffert (1994b), S. 156ff.
[194] Vgl. Meffert (1994a), S. 260.
[195] Vgl. Meffert (1994b), S. 152f.
[196] Vgl. Walsh/Klee/Kilian (2009), S. 374f.
[197] Vgl. Böhner/Dellago/Gerszke/Tochtermann (2009), S. 14.

5 Schlusskapitel

Im Rahmen dieser Untersuchung wurden die Einflüsse des konjunkturellen Abschwungs auf die absatzpolitischen Maßnahmen der Unternehmen betrachtet. Den Ausgangspunkt stellt die aktuelle Wirtschaftskrise bzw. Rezession dar. Dabei ist jedoch zu beachten, dass die gegenwärtige konjunkturelle Situation nicht mit einem in Punkt 2.1 dargestellten Konjunkturzyklus gleichzusetzen ist, da es sich in diesem Fall nicht um eine typische zyklische Krise handelt, die eine Wirtschaft im Laufe der Zeit durchläuft. Hierbei handelt es sich primär um eine Systemkrise des Finanzsystems, welche durch menschliches Versagen ausgelöst wurde und weltweit zunehmend auf die Realwirtschaft übergriff. Damit wurde auch in Deutschland der konjunkturelle Abschwung eingeleitet.[198] Wie in den vergangenen Rezessionen befinden die Konsumenten und Unternehmen sich in einer besonderen Situation und stehen neuen Herausforderungen gegenüber. Dies beeinflusst unmittelbar das Verhalten der Marktteilnehmer. Das veränderte Verhalten der Konsumenten ist u.a. durch eine gewisse Kaufzurückhaltung, eine unterschiedliche Verhaltensweise gegenüber verschiedenen Produktkategorien sowie durch eine veränderte Ausgabenstruktur gekennzeichnet.[199] Die deutsche Bevölkerung fühlt sich von der Rezession im Vergleich zu anderen europäischen Ländern eher durchschnittlich betroffen.[200] Gut die Hälfte der deutschen Haushalte spürt zumindest kaum Auswirkungen der aktuellen Krise, weshalb die Deutschen noch relativ ausgabewillig sind. Die Ausgaben beziehen sich überwiegend auf Produkte des täglichen Bedarfs und weniger auf große Anschaffungen, denn diese sind von einer deutlichen Kaufzurückhaltung betroffen.[201] In der aktuellen Krise spielen insbesondere soziale Aspekte, die innerhalb der Gesellschaft herrschen sollen, wie Glaubwürdigkeit, Sicherheit und Verantwortungsbewusstsein eine wichtige Rolle. Von dem idealen Unternehmen werden seitens der Haushalte insbesondere die Attribute Menschlichkeit und Zuverlässigkeit gefordert, um den Ansprüchen und

---

[198] Vgl. Geier (2009)
[199] Vgl. Berndt (1994), S. 117.
[200] Vgl. o.V. GfK (2009b), S. 2.
[201] Vgl. o.V. GfK (2009a), S. 5ff.

Bedürfnissen der Konsumenten in der Rezession gerecht zu werden.[202] Die Unternehmen müssen somit die Anforderungen einer Zielgruppe genau kennen, um Chancen in der Krise zu erhalten.[203]

Die Unternehmen schätzen die Auswirkungen der Krise als relativ erträglich ein und erwarten größtenteils sogar gleichbleibende Umsätze. Die zentrale Herausforderung sehen sie sowohl für 2009 als auch für 2010 im steigenden Kostendruck, woraufhin die Überprüfung der Marketingeffektivität und -effizienz an Bedeutung gewinnt. Einen konkreten Weg bzw. Erfolgsfaktor für 2010 sehen die Marketingentscheider in der aktiven Kundenbindung und somit in der Wiederentdeckung des Kunden. Auch die geplanten Maßnahmen sind primär auf den Kunden gerichtet wie z.B. die Verbesserung der Kundenbeziehungen. Der Forderung nach einem antizyklischen Marketing kommen die Unternehmen zunehmend nach und haben somit aus vergangenen Krisen gelernt. Dies wird vor allem daran deutlich, dass die Mehrzahl der Marketingentscheider die aktuelle Höhe des Marketingbudgets beibehalten und ein geringer Teil sogar Erhöhungen plant. Auch das Aufrechterhalten der Investitionen u.a. in neue Produkte und in die Kommunikation ist eine zentrale Maßnahme, um Chancen in der Krise zu erhalten, welche die Unternehmen auch im aktuellen konjunkturellen Abschwung nicht außer Acht lassen.[204]

Zusammenfassend bleibt festzuhalten, dass eine Krise die Werte und Bedürfnisse der Menschen nachhaltig verändert. Dies erfordert ein konsequentes Umdenken und Umsetzen von Unternehmensstrategien, die diesem Wandel Rechnung tragen. Die Unternehmen haben zunehmend die Chancen in der Krise erkannt und das antizyklische Verhalten angenommen. Es gibt jedoch weitere Maßnahmen innerhalb des Marketingmix, die von den Unternehmen noch nicht ausreichend in Betracht gezogen wurden und somit besteht noch kein optimales rezessionsadäquates Verhalten, woraus die Unternehmen weiterhin lernen müssen.

Eine Krise muss also nicht zwangsläufig eine Gefahr für das Unternehmen darstellen, sondern kann bei einer angemessenen Strategie die Möglichkeit

---

[202] Vgl. o.V. BBDO Consulting (2009a), S. 5ff.
[203] Vgl. Berndt (1994), S. 118.
[204] Vgl. o.V. BBDO Consulting (2009d), S. 3ff.

bieten die Unternehmensposition auf dem Markt zu stärken bzw. sogar zu verbessern.

Literaturverzeichnis

Adlwarth, W. (2009): „NonFood 2009 – Eine Bestandsaufnahme: Deutscher NonFood-Kongress 2009", GfK (Hrsg.), vom 27.04.2009, Abruf: 08.10.2009. http://www.gfkps.com/imperia/md/content/ps_de/consumerscope/vortraege/nonfoodkongress2009.pdf

Bartling, H. / Luzius, F. (1998): „Grundzüge der Volkswirtschaftslehre: Einführung in die Wirtschaftstheorie und Wirtschaftspolitik", 12. Auflage, Vahlen Verlag, München.

Baßeler, U. / Heinrich, J. / Utecht, B. (2006): „Grundlagen und Probleme der Volkswirtschaft", 18. Auflage, Schäffer-Poeschel, Stuttgart.

Bea, F. X. / Dichtl, E. / Schweitzer, M. (2002): „Allgemeine Betriebswirtschaftslehre: Leistungsprozess", 8. Auflage, Lucius & Lucius Verlag, Stuttgart.

Becker, J. (2006): „Marketing-Konzeption: Grundlagen des ziel-strategischen und operativen Marketing-Managements", 8. Auflage, Vahlen Verlag, München.

Berndt, R. (1994): „Management-Qualität contra Rezession und Krise", Schriftenreihe: „Herausforderungen an das Management", Ausgabe 1, Springer Verlag, Berlin [u.a.].

Berndt, R. (1992): „Marketing 2: Marketing-Politik", 2. Auflage, Springer Verlag, Berlin [u.a.]

Bischoff, J. (2008): „Globale Finanzkrise: Über Vermögensblasen, Realökonomie und die „neue Fesselung" des Kapitals", 1. Auflage, VSA-Verlag, Hamburg.

Blum, U. (1994): „Volkswirtschaftslehre: Studienhandbuch", 2. Auflage, Oldenbourg Verlag, München [u.a.].

Böhner, I. / Dellago, V. / Gerszke, K. / Tochtermann, T. (2009): „Die Stunde der Gewinner: Wer morgen zu den Gewinnern der aktuellen Krise zählen wird, entscheidet sich heute. Unternehmen sollten die Chancen am Markt jetzt nutzen – sie kommen so schnell nicht wieder.", McKinsey&Company (Hrsg.): „Akzente 02/09", Abruf: 11.01.2009. http://www.mckinsey.de/downloads/publikation/akzente/2009/akzente_0209_08.pdf

Böschen, M. [u.a.] (2009): „Alles auf Anfang. Was hält, was fällt. Vom Ersten Weltkrieg bis zur Finanzkrise: Welche Anlagen Krisen überleben. Das Undenkbare denken: Was wäre, wenn das Finanzdesaster doch noch zur Weltwirtschaftskrise wird, vergleichbar mit den schweren Krisen des 20. Jahrhunderts? Welche Anlagen haben Bestand, welche werden untergehen? Eine Analyse der Vergangenheit - und ein Ausblick auf ein mögliches Szenario", in: „WirtschaftsWoche", vom 02.02.2009, Nummer 006, Seite 088.

Brück, M. / Detering, M. / Jeimke-Karge, H. / Stroisch, J. (2009): „Chronik: Finanzkrise: Vom Immobilienboom zum Börsen-Crash", in: „Wirtschaftswoche" (Hrsg.), vom 04.05.2009, Abruf: 19.01.2010. http://www.wiwo.de/finanzen/finanzkrise-vom-immobilienboom-zum-boersen-crash-271063/2/

Cezanne, W. (2005): „Allgemeine Volkswirtschaftslehre", 6. Auflage, Oldenbourg Verlag, München [u.a.].

Clement, R. / Terlau, W. / Kiy, M. (2004): „Grundlagen der angewandten Makroökonomie: eine Verbindung Makroökonomie und Wirtschaftspolitik mit Fallbeispielen", 3. Auflage, Vahlen Verlag, München.

Fischer, M. / Losse, B. (2009): „Erste Signale der Hoffnung. Was konjunkturelle Frühindikatoren aussagen, wie sie zustande kommen - und warum viele von ihnen wieder vorsichtig nach oben zeigen", in: „WirtschaftsWoche", vom 09.02.2009, Nummer 007, Seite 22.

Fischer, M. / Ramthun, C. / Schnitzler, L. (2009): „Finanzkrise: Kreditklemme verschärft sich immer weiter", in „Wirtschaftswoche" (Hrsg.), vom 06.07.2009, Abruf: 19.01.2010. http://www.wiwo.de/politik-weltwirtschaft/kreditklemme-verschaerft-sich-immer-weiter-401895/

Geier, J. (2009): „Ökonomie: Die schlimmste Krise des Kapitalismus seit den Dreißigerjahren", in: „Inprekorr" (Hrsg.), von Januar/Februar 2009, Nr. 446/447, Abruf: 17.01.2010. http://www.inprekorr.de/446-krise-geier.htm

Haedrich, G. / Tomczak, T. (1996): „Produktpolitik", Kohlhammer, Stuttgart u.a.

Hajek, S. (2007): „Glatt rasiert. Finanzkrise und Konjunkturschwäche drücken die Kurse. Ein sechstes Hausse-Jahr in Folge wird unwahrscheinlicher", in: „WirtschaftsWoche", vom 21.12.2007, Seite 154.

Haslauer, A. (2009): „Daheim ist es doch am schönsten: Die Menschen ziehen sich in der Krise in ihre eigenen vier Wände zurück. Vom Cocooning-Effekt profitieren TV-Hersteller, Möbelhäuser und Schokoladenfirmen", in: „Focus Money", Nr. 9, vom 18.02.2009, Abruf: 18.12.2009. http://www.focus.de/finanzen/boerse/cocooning-daheim-ist-es-doch-am-schoensten_aid_372062.html

Heidenreich, A. M. / Liecke, M. / Treier, V. (2009): „DIHK-Umfrage: Innovationsverhalten deutscher Unternehmen in der Krise – erstaunlich offensiv: Ergebnisse einer Sonderbefragung der IHK-Organisation bei über 1.000 innovativen Unternehmen", Deutscher Industrie und Handelskammertag e.V. (Hrsg.), September 2009, Abruf: 24.10.2009. http://www.dihk.de/inhalt/download/innovation_in_der_krise.pdf

Heidenreich, A. M. / Liecke, M. / Treier, V. (2008): „Deutsche Unternehmen setzen auf Innovationen – trotz Finanzmarktkrise: DIHK – Innovationsreport 2008/2009: Eine Umfrage der IHK – Organisation bei über 500 Innovationsunternehmen", Deutscher Industrie und Handelskammertag e.V. | Berlin | Brüssel (Hrsg.), Dezember 2008, Abruf 05.01.2010.
http://www.dihk.de/inhalt/download/innovationsreport_08.pdf

Heubes, J. (1991): „Konjunktur und Wachstum", Vahlen Verlag, München.

Kampmann, R. / Walter, J. (2001): „Stabilität und Wachstum: Eine Einführung in die VWL", Fortis-Verlag [u.a.], Köln.

Klein-Bölting, U. / Neuber, S. (2009): „Marketing in der Krise", in: BBDO Consulting GmbH (Hrsg.): „Insights 11", S. 28 – 36.

Koch, W. A. S. / Czogalla, C. (1999): „Grundlagen und Probleme der Wirtschaftspolitik", Wirtschaftsverlag Bachem, Köln.

Kokologiannis, G. (2009): „Zertifikate: Airbag für optimistische Skeptiker. Obwohl die Erholung der Weltwirtschaft ausgemachte Sache zu sein scheint, geht selbst vielen Optimisten die Börsenhausse bereits zu weit. Doch es gibt neue Anlagealternativen. Mögliche Auslöser für einen plötzlichen Kursrutsch gibt es zu genüge, aber auch neue Anlagealternativen", in: „Handelsblatt", vom 24.08.2009, Abruf: 18.09.2009.
http://www.handelsblatt.com/finanzen/nachrichten/zertifikate-airbag-fuer-optimistische-skeptiker%3B2447351

Krommes, W. (1972): „Das Verhalten der Unternehmung in der Rezession: Die Bedeutung der wachstumsorientierten Konjunkturtheorie für die Absatztheorie", Duncker & Humblot, Berlin.

Kyrer, A. / Penker, W. (2000): „Volkswirtschaftslehre: Grundzüge der Wirtschaftstheorie und –politik", 6. Auflage, München [u.a.], Oldenbourg Verlag.

Lötters, C. (1998): „Grundlagen des Marketing", Albrecht, A./ Pulte, P./ Mensler, S. (Hrsg.), Fortis Verlag, Wien.

Mamberer, F. / Seider, H. (2009): „Allgemeine Volkswirtschaftslehre: Wissen, das sich auszahlt", in: „Teialehrbuch", Abruf: 20.08.2009.
http://www.teialehrbuch.de/Kostenlose-Kurse/VWL/5.3.4-Konjunkturzyklen.html

Mankiw, N. G. / Taylor, M. (2008): „Grundzüge der Volkswirtschaftslehre", 4. Auflage, Schäffer-Poeschel, Stuttgart.

Meffert, H. / Burmann, C./ Kirchgeorg, M. (2008): „Marketing: Grundlagen marktorientierter Unternehmensführung; Konzepte-Instrumente-Praxisbeispiele", 10. Auflage, Gabler Verlag, Wiesbaden.

Meffert, H. (1994a): „Marketing-Management: Analyse- Strategie- Implementierung", Gabler Verlag, Wiesbaden.

Meffert, H. (1994b): „Erfolgreiches Marketing in der Rezession: Strategien und Maßnahmen in engeren Märkten. Mit Erkenntnissen aus einer umfassenden Untersuchung", Ueberreuter Wirtschaftsverlag, Wien.

Meyer, T. / Perrey, J. / Spillecke, D. (2009): "Der Marketingeffekt: Steuerruder in der Rezession: Wer als Reflex auf die Krise sein Marketingbudget kürzt, macht einen Fehler. Neue Analysewerkzeuge helfen, die Mittel für maximalen Erfolg zu konzentrieren.", in: McKinsey&Company (Hrsg.): „Akzente 01/09", Abruf: 20.12.2009. http://www.mckinsey.de/downloads/publikation/akzente/2009/akzente_0109_05 2_059.pdf

Neubäumer R. / Hewel B. (1998): „Volkswirtschaftslehre: Grundlagen der Volkswirtschaftstheorie und Volkswirtschaftspolitik", 2. Auflage, Gabler Verlag, Wiesbaden.

o.V. BBDO Consulting (2009a): „Werte im Wandel. Warum Unternehmen ein neues Kundenverständnis brauchen. BBDO Consulting Studie vom Mai 2009", BBDO Consulting GmbH (Hrsg), Februar 2009, Abruf: 18.12.2009. http://www.bbdo-consulting.com/cms/de/news/pressemappe/Praesentationen/140509_Studie_W erte_im_Wandel_kurz_final.pdf

o.V. BBDO Consulting (2009b): "BBDO Consulting – Studie überrascht: Marketingbudgets trotzen der Krise", Abruf: 04.01.2010. http://www.bbdo.de/cms/de/news/2009/archive/2009-02-05.html

o.V. BBDO Consulting (2009c): "Marketing in der Krise?", BBDO Consulting GmbH (Hrsg.), Februar 2009, Abruf 30.12.2009. http://www.bbdo-consulting.com/cms/de/news/pressemappe/Pressemitteilungen/Marketing_in_d er_Krise_2009.ppt.pdf

o.V. BBDO Consulting (2009d): "Marketing – Erwartungen für das Wirtschaftsjahr 2010", BBDO Consulting GmbH (Hrsg.), Oktober 2009, Abruf 03.01.2010. http://www.bbdo-consulting.com/cms/de/news/pressemappe/Praesentationen/091023_Marketing _Erwartungen_2010_Kurzfassung.pdf

o.V. Focus (2009): „Finanzkrise: Deutschland mit am stärksten betroffen", Focus (Hrsg.), September 2009, Abruf: 13.01.2010. http://www.focus.de/finanzen/news/finanzkrise-deutschland-mit-am-staerksten-betroffen_aid_433301.html

o.V. GfK (2009a): „Die Finanzkrise – Auswirkungen auf das Kaufverhalten", GfK (Hrsg.), vom März 2009, Abruf: 15.12.2009. http://www.gfkps.com/imperia/md/content/ps_de/consumerscope/aktuellestudie n/2009/finanzkrise.pdf

o.V. GfK (2009b): „Konsum in der Krise – Krise beim Konsum? Wie wird das Jahr 2009? Pressekonferenz der GfK-Gruppe am 2. Februar 2009", GfK (Hrsg.), Abruf: 20.12.2009.
http://www.gfk.com/imperia/md/content/businessgrafics/companypresentations/konsum_in_der_krise_-_krise_beim_konsum.pdf

o.V. Handelsblatt (2009a): „Warum sich Werbung in der Rezession lohnt", vom 05.03.2009, Abruf: 07.01.2010.
http://www.handelsblatt.com/unternehmen/strategie/warum-sich-werbung-in-der-rezession-lohnt;2189769

o.V. Handelsblatt (2009b): „Das Konjunkturpaket II kommt. Investitionen, Wirtschaftshilfen, Abwrackprämie und Steuersenkungen sind beschlossene Sache: Der Bundesrat hat am Freitag dem zweiten Konjunkturpaket gegen die Wirtschaftskrise zugestimmt. Die Reform der Kfz-Steuer wurde allerdings vorerst gestoppt", vom 20.02.2009, Abruf: 11.08.2009.
http://www.handelsblatt.com/politik/deutschland/das-konjunkturpaket-ii-kommt;2164701

o.V. ifo Institut für Wirtschaftsforschung (2009): „ifo Geschäftsklima Deutschland: ifo Konjunkturtest Oktober 2009", ifo (Hrsg.), vom 23.10.2009, Abruf: 25.10.2009.
http://www.cesifo-group.de/portal/page/portal/ifoHome/a-winfo/d1index/10indexgsk

o.V. Microsoft® Encarta® Online-Enzyklopädie (2009): „Bruttoinlandsprodukt", MSN Encarta (Hrsg.), Abruf 09.07.2009.
http://de.encarta.msn.com/encyclopedia_721526915/Bruttoinlandsprodukt.html

o.V. Statistisches Bundesamt (2009): „Deutsche Wirtschaft 2. Quartal 2009", Statistisches Bundesamt (Hrsg.), vom August 2009, Abruf: 23.09.2009.
http://www.destatis.de/jetspeed/portal/cms/Sites/destatis/Internet/DE/Content/Publikationen/Fachveroeffentlichungen/VolkswirtschaftlicheGesamtrechnungen/DeutscheWirtschaftQuartal,property=file.pdf

o.V. Statistisches Bundesamt (2007): „Das Bruttoinlandsprodukt", Statistisches Bundesamt (Hrsg.), Abruf: 09.07.2009.
http://www.destatis.de/jetspeed/portal/cms/Sites/destatis/Internet/DE/Content/Statistiken/VolkswirtschaftlicheGesamtrechnungen/Inlandsprodukt/content75/InfoInlandsprodukt.psml

o.V. Stern (2008): "Finanzkrise: Schwerste Krise seit den 20er Jahren", Der Stern (Hrsg.), Oktober 2008, Abruf: 13.01.2010.
http://www.stern.de/politik/deutschland/finanzkrise-schwerste-krise-seit-den-20er-jahren-642315.html

o.V. Welt Online (2009): "Historische Rezession: Krise trifft Deutschland härter als die Nachbarländer", Die Welt (Hrsg.), Februar 2009, Abruf: 13.01.2010.
http://www.welt.de/wirtschaft/article3202366/Krise-trifft-Deutschland-haerter-als-Nachbarlaender.html

Pepels, W. (2001): „Einführung in das Distributionsmanagement", 2. Auflage, Oldenbourg Verlag, München.

Peto, R. (2008): „Makroökonomik und wirtschaftspolitische Anwendung", 13. Auflage, Oldenbourg Verlag, München.

Riecke, T. (2001): „US-Verbraucher haben Anschlagsfolgen verkraftet. Kurz vor dem Jahreswechsel mehren sich die Anzeichen für eine kräftige wirtschaftliche Erholung in den USA. Der kommende Aufschwung steht jedoch auf wackligen Beinen. Denn die Kapazitäten der Unternehmen sind nicht ausgelastet. Die Treffsicherheit der Wachstumsprognosen hängt von der Entwicklung des Ölpreises ab", in: „Handelsblatt", vom 31.12.2001, Nummer 251, Seite 4.

Samuelson, P. A. / Nordhaus, W. D. (2005): „Volkswirtschaftslehre: Das internationale Standardwerk der Makro- und Mikroökonomie", Übersetzung Der 18. amerikanischen Auflage, mi-Fachverlag, Landsberg am Lech.

Scharf, A. / Schubert, B. (1997): „Marketing: Einführung in Theorie und Praxis", 2. Auflage, Schäffer-Poeschel, Stuttgart.

Siebert, H. (2003): „Einführung in die Volkswirtschaftslehre", 14. Auflage, Kohlhammer, Stuttgart.

Walsh, G. / Klee, A. / Kilian, T. (2009): „Marketing: Eine Einführung auf der Grundlage von Case Studies", Springer Verlag, Berlin [u.a.].

Weis, H. C. (2007): „Marketing", 14. Auflage, Kiehl, Ludwigshafen.

Woll, A. (2003): „Allgemeine Volkswirtschaftslehre", 14. Auflage, Vahlen Verlag, München.